ÉLECTIONS SÉNATORIALES

DISCOURS

PRONONCÉS PAR

M. LÉON GAMBETTA

A ROMANS ET A GRENOBLE

CONSEILS AUX DÉLÉGUÉS

Extrait du Discours d'Aix prononcé le 18 janvier 1876
par M. L. GAMBETTA

PRIX : **10** CENT. — Par la poste, **12** CENT.

PARIS

AU JOURNAL la *Petite République française*

53, RUE DE LA CHAUSSÉE-DANTIN, 53

et dans les départements chez tous les libraires
urs de la *Petite République française*.

SOMMAIRE

LE DISCOURS DE ROMANS :

Prophétie de M. Thiers.
Retour offensif de la réaction.
La Constitution du 25 février.
Transmission du pouvoir présidentiel.
La stabilité républicaine.
La deuxième étape du parti républicain.
Le ministère et l'administration.
La République et l'armée.
La magistrature.
La question cléricale.
La République et l'instruction.
Le gouvernement des travailleurs.
Les Finances.
Consécration de la République.

LE DISCOURS DE GRENOBLE.

LE DISCOURS D'AIX (Conseils aux délégués sénatoriaux).

CONDITIONS DE PROPAGANDE

Le cent. . . . .   7 francs.
Le mille. . . . .   60 francs.

(PORT EN SUS)

Pour recevoir *franco* notre brochure, il suffit d'envoyer 15 centimes en timbres-poste.

LE DISCOURS DE ROMANS

Mes chers concitoyens,

Avant d'entrer dans les explications que je me propose de dérouler devant vous sur la politique intérieure de notre pays, je vous dois un mot de remercîment pour l'accueil que vous m'avez fait à l'entrée dans votre ville, mais aussi un mot d'excuse pour la longueur de l'attente qui vous a été imposée. J'ai été très-touché et, en même temps, très-contrarié d'apprendre que vous m'attendiez dans cette salle, alors que je ne pouvais pas me rendre immédiatement à vos désirs ; mais, comme on vous le disait tout à l'heure, les forces humaines ont une limite, et cette limite, je l'avais touchée. J'avais donc besoin de quelques instants de repos. J'espère qu'à force d'efforts des deux côtés, vous par votre attention et moi par la volonté énergique que j'ai de vous donner, à vous comme à ceux qui liront mes paroles, des explications absolument franches et complètes, il ne restera, sur ce que j'appelle la seconde phase du parti républicain, ni un doute, ni une équivoque, ni une ambiguïté.

Messieurs, il y a sept ans, nous ouvrions dans ce pays une campagne de propagande, une campagne de démonstration, au lendemain de désastres sans nom qu'avaient attirés sur nous — il ne faut jamais l'oublier — le despotisme d'un seul, mais aussi la défaillance de tous. (Mouvement.) La France, désemparée, sans guide, sans ressources, sans aucun de ces leviers puissants qui, à un moment donné, permettent de soulever le monde, la France s'était livrée, je ne dirai pas au désespoir, mais certainement à l'abandon d'elle-même. Elle avait nommé, vous savez dans quelles terribles épreuves, dans quelles angoisses, dans quelles incertitudes, au milieu de quel trouble, une Assemblée qui ne ressemblait qu'à l'ancien régime, mais qui ne ressemblait pas à la France. (Vive adhésion.)

Aussitôt réunie, cette Assemblée manifesta les sentiments qui l'agitaient. Elle fit part à la France, épouvantée, de conceptions politiques qui avaient la prétention de la ramener plus d'un siècle en arrière et de rayer d'un trait toutes les conquêtes de notre immortelle Révolution. Ah! ce jour-là la France comprit la faute qu'elle avait faite; elle se remit dans la vraie ligne de la tradition, et, dès les mois de mai et de juillet 1871, la France protestait, par ses élections municipales et par les élections législatives partielles, de son ferme dessein de mettre un terme au mandat de l'Assemblée nationale. (Applaudissements.)

PROPHÉTIE DE M. THIERS

C'est alors, messieurs, que, loin de nous attaquer au principe du suffrage universel qui venait de nous donner tort, nous nous retournâmes vers lui, nous entreprîmes de le ramener au sentiment de ses droits et de ses devoirs, nous recueillîmes les paroles d'un homme qui était déjà à la veille de cette conversion que j'ose qualifier de sublime, qui lui faisait abjurer toutes les idées d'un passé désormais condamné pour ne voir que la France de l'avenir — de M. Thiers, qui, au nom

du patriotisme et de la raison, lançait non-seulement
son ancien parti, mais l'opinion générale dans la direc-
ltion d'un gouvernement libre et républicain par la
démocratie.

Ce jour-là, messieurs, M. Thiers prononça un mot
que nous recueillîmes ; il dit à la France livrée aux
partis déchaînés les uns contre les autres, aux partis
inexorables et impitoyables : « Le parti qui finira par
triompher et gouverner, ce sera le parti le plus juste
et le plus sage. » Messieurs, l'épreuve est faite. Depuis
sept ans, grâce à la sagesse, à l'esprit de prévoyance
et de justice du parti républicain, la France et le parti
républicain ne font plus qu'un, et la parole prononcée
par M. Thiers s'est réalisée dans les faits, dans les lois
et dans les aspirations de la conscience publique.
(Bravos et acclamations.)

Eh bien, messieurs, qu'avons-nous dit à cette époque ? Nous avons dit qu'il y avait quelque chose que
nous mettions au-dessus du pouvoir : c'était la défense des droits et l'exercice du contrôle de la souveraineté nationale. Il y a là, disions-nous, une tâche qui
est supérieure à toutes les ambitions, que ce soient des
ambitions personnelles ou des ambitions de partis ;
c'est de démontrer à la France qu'il est absolument
nécessaire que la démocratie soit un parti de gouvernement, qu'elle soit un parti d'ordre et de consolida-
tion, parce qu'elle est le seul parti en état de régénérer
la France, de lui rendre son rang, de la faire prospère
et puis sante à l'intérieur et de lui redonner les sympathies du monde.

Alors nous avons essayé de tracer non pas un pro-
gramme — je me défie des programmes — nous avons
tracé une méthode à suivre, nous avons dit : On nous
a condamnés à bien des difficultés et même à bien des
dangers ; nous affronterons les uns et nous résoudrons

les autres ; à quel prix? en nous astreignant à une ligne de conduite parfaitement nette et parfaitement suivie. On nous parle d'un septennat ; commençons notre épreuve, faisons une étape de sept ans. Nous garderons, pendant sept ans, tous les postes électifs que nous avons occupés et relevés depuis le mois de juillet 1871, et nous attendrons la fin de ce qu'on a appelé le septennat — septennat qui d'ailleurs n'existe plus aujourd'hui, car il s'est transformé par un acte de la volonté nationale. Et nous avons suivi la ligne de conduite que nous nous étions tracée, d'une façon graduelle, sériée, ainsi que l'attestent tous les actes du parti républicain aussi bien dans les Chambres qu'en dehors des Chambres. (Vive approbation.)

RETOUR OFFENSIF DE LA RÉACTION

De cette conduite politique il est résulté ceci, qu'un jour les partis coalisés dans un suprême effort, et conduits par celui d'entre eux qui les conduit toujours, par celui qui est leur lien commun, qui est leur chef naturel, par celui qui est leur seule puissance, tous ces partis, sous le guidon et la bannière du cléricalisme, ont tenté un retour offensif contre les forces de la démocratie gouvernementale. Et il est arrivé que la France, éclairée sur ce qu'elle voulait, rassurée sur ses intérêts, connaissant son lendemain, confiante dans les hommes qu'elle avait chargés de ses affaires, frémissante sous son armure, mais invulnérable, a résisté — et pourquoi? Ne me le demandez pas, car c'est à vous qu'il faut reporter l'honneur de cette résistance ; c'est vous, populations du Midi, vous, populations du Nord, vous, populations du Centre, qui, par votre sentiment de générosité et de sacrifice, par votre fermeté d'âme, par votre esprit de solidarité civique, par la confiance que vous avez eue les uns dans les autres, avez donné à vos représentants le sentiment de leur force en même temps que vous leur avez fait connaître l'étendue de leurs devoirs ; c'est donc à vous que revient tout l'honneur. Mais qui êtes-vous donc, si ce n'est la France éclairée et consciente, c'est-à-dire le pays tout entier qui sait que, désormais, ce n'est que sous la démocratie qu'on ne court pas d'aventures et qu'on a l'ordre et la liberté ? (Salves d'applaudissements et acclamations prolongées.)

Eh bien, messieurs, de cette victoire qui était due à la France, qui était le fruit de sa sagesse et des cruelles expériences qu'elle venait de faire sous le double coup de l'invasion extérieure et du joug intérieur de ses plus cruels ennemis — de cette victoire qu'a-t-on fait et que convient-il de faire ?

Voilà la question que je voudrais examiner devant vous, pacifiquement, mais complétement.

LA CONSTITUTION DU 25 FÉVRIER

Messieurs, la Constitution, telle qu'elle est sortie des débats des Chambres, des nécessités du moment, du besoin d'en finir avec une situation qui exaspérait la France, qui la condamnait à la plus cruelle des conditions, à la condition de ne jamais savoir ce qu'on ferait d'elle le lendemain — cette Constitution que je n'ai pas à critiquer, que je n'ai pas non plus à protéger dans toutes ses parties — cette Constitution est la loi de la France, elle s'impose au respect de tous ceux qui l'appliquent comme de tous ceux qui lui obéissent.

Dans cette Constitution, il est bon cependant de se demander ce qu'il y a de perfectible et ce qu'il y a, au contraire, d'immuable. Ce qu'il y a d'immuable c'est la constitution de la République ; ce qu'il y a de perfectible c'est l'équilibre des pouvoirs. Eh bien, je suis de ceux qui pensent que le moment n'est pas venu de toucher à cette Constitution ; je suis de ceux qui pensent qu'elle a déjà suffisamment prouvé sa valeur en nous protégeant efficacement contre les criminels desseins de ceux qui appelaient la force pour renverser l'édifice élevé par la nécessité publique.

Mais, à côté de cette partie que je considère comme immuable, il y en a d'autres qui doivent recevoir et du temps et de la volonté publique des perfectionnements nécessaires.

TRANSMISSION DU POUVOIR PRÉSIDENTIEL

On a parlé dernièrement, et je crois qu'on a jeté à dessein dans le public des inquiétudes que ceux-là même qui les répandaient ne partageaient pas — on a parlé de l'instabilité du pouvoir présidentiel. Il va être procédé à un renouvellement sénatorial, et ce sera l'occasion, le prétexte attendu pour répandre encore l'incertitude et renouveler une manœuvre qui, cependant, n'a pas déjà si bien réussi. On cherche à ébranler l'opinion des électeurs particuliers qui doivent procéder aux élections des sénateurs en leur disant que, si leurs votes se dirigeaient dans le sens de l'affermissement des institutions républicaines, le magistrat chargé de garder la Constitution et de la défendre se déroberait à son mandat et laisserait le siége vide.

Eh bien, messieurs, il y a dans ces paroles — et je m'en expliquerai franchement — ou un calcul ou une défaillance. Si c'est un calcul, il ne peut pas porter, car la France sait bien qu'avec les mandataires vigilants qu'elle s'est donnés, qu'avec l'organisation de la majorité parlementaire, qu'avec l'organisation des Conseils généraux, il n'y a absolument rien à craindre au sujet de la vacance et de la transmission du pouvoir. Et je puis vous dire, croyant être autorisé à le faire, que si une idée aussi inconstitutionnelle, mais enfin qui est du domaine du caprice, venait à se produire, il ne s'écoulerait pas un intervalle d'une heure entre la retraite et le remplacement. (Très-bien ! très-bien ! — Applaudissements.)

Non, il ne s'écoulerait pas un intervalle considérable, parce que, grâces en soient rendues au désintéressement et à la générosité de ce noble parti républicain, je sais, j'affirme que le successeur serait désigné et ne rencontrerait nulle part de compétitions personnelles. (Nouveaux applaudissements.)

Si c'était là, donc, un calcul, je crois en avoir fait justice. S'il s'agissait d'une défaillance, je crois qu'il y a moyen de se convaincre qu'elle ne se produira pas. Elle ne se produira pas parce qu'elle est contraire à ce que nous savons et que l'expérience pèse bien quelque chose. Elle est contraire aussi au devoir ; oui, messieurs, au devoir. Je ne mets rien au-dessus du fonctionnement de la Constitution et, quand un pouvoir — je fais abstraction des personnes — est constitué pour accomplir une tâche, il doit la poursuivre — et ici j'applique l'expression dans son vrai sens — jusqu'au bout. (Rires et applaudissements.)

Et savez-vous pourquoi ? C'est que, quelle que soit l'opinion que tour à tour, dans le jeu du mécanisme républicain, nous pouvons arriver à professer pour telle ou telle personne, si nous voulons être des hommes de gouvernement, nous devons surtout rapprocher le caractère de la personne du caractère de la fonction ; or, la fonction, le pouvoir est une chose légale, officielle, de laquelle nous avons le droit de nous préoccuper constamment, tandis que la personne est variable, indifférente et secondaire.

C'est pour cela qu'à l'heure où je parle je vois un intérêt, qui ne peut échapper à aucun esprit politique, à ce que la Constitution reçoive sa consécration, à ce que

•e président exerce son mandat jusqu'à la dernière mi-
nute de son pouvoir, parce que je veux voir enfin, dans
ce pays, l'autorité gouvernementale suprême, le pouvoir
exécutif, après avoir parcouru toute la durée d'une
charge légale, passer à un successeur sans émotion et
sans trouble public.

LA STABILITÉ RÉPUBLICAINE

Ah! retenez-le, messieurs, nous n'aurons véritablement fondé la République sur le roc que le jour où
nous pourrons répondre victorieusement à tous les fau-
teurs de restaurations monarchiques qui parlent de
stabilité. Depuis un siècle, sauf le cas fortuit de Char-
les X succédant à Louis XVIII, jamais pouvoir n'a été
régulièrement transmis dans ce pays en vertu des lois à
un successeur. Eh bien, ce que je veux voir, ce que
j'appelle de tous mes vœux, ce à quoi j'adjure tous les
bons républicains de consentir, faisant taire momen-
tanément tout mouvement d'impatience, tout ressenti-
ment, et même de légitimes aspirations, c'est le fonctionnement de la Constitution, c'est-à-dire le mécanisme républicain placé au-dessus de toutes les objec-
tions et de toutes les controverses, démontrant qu'enfin
nous avons trouvé la vraie stabilité, celle qui se fait
par la dévolution de la loi. (Adhésion unanime et
bravos.)

Et quand vous aurez cet argument, quand vous pourrez dire qu'un président de République mis au pouvoir
par vos adversaires, installé par vos ennemis et n'ayant
à coup sûr, au fond du cœur, rien de passionné pour
nos institutions nouvelles (On rit), quand vous pourrez
dire que ce président de République a complétement,
pacifiquement, légalement, et aux applaudissements de
l'opinion, rempli sa charge et qu'à l'expiration de ses
pouvoirs la nation s'est trouvée tout naturellement, tout

simplement, tout pacifiquement, passer d'un pouvoir présidentiel à un autre pouvoir présidentiel, messieurs, non-seulement pour la France, mais pour le monde entier, vous aurez fait la seule preuve qui existe du mouvement : vous aurez marché. (Acclamations et longs applaudissements.)

Ce que je désire, c'est qu'on mette un terme, dans les journaux gouvernementaux comme dans les journaux adverses, à cette polémique illusoire et ridicule qui consiste à rechercher ce qu'il adviendrait si le président de la République se retirait. Je dis, en me résumant, qu'il ne se retirera pas et que nous n'avons aucun intérêt à ce qu'il se retire.

LA DEUXIÈME ÉTAPE DU PARTI RÉPUBLICAIN

Et, maintenant, que devons-nous désirer, mais désirer avec le désir de la foi qui agit et qui ne se lasse pas d'aller et de provoquer au prosélytisme et à la propagande? Nous devons désirer deux choses : d'abord des élections sénatoriales républicaines; mais je n'ai pas à m'expliquer ici sur un pareil sujet, car si vous étiez chargés de pourvoir en partie au renouvellement du Sénat, je sais bien dans quelle fraction politique vous feriez vos choix. (Rires d'approbation et applaudissements.)

Mais la seconde chose sur laquelle je veux m'appesantir, c'est le dessin, — permettez-moi une expression encore plus familière, — c'est le crayon de ce que j'appellerai la deuxième étape du parti républicain.

Nous en avons déjà fourni une: les troupes, victorieuses, sont arrivées en haut de la position, sans fatigue; elles sont pleines d'ardeur, elles ne demandent qu'à poursuivre la carrière; mais n'étendons pas démesurément le champ de nos ambitions : sachons les limiter, c'est le moyen de les satisfaire. Nous allons donc dire, en peu de mots, ici, ce qui, pour moi, n'est pas la réalisationdéfinitive ni de vos principes, ni des miens, mais l'indication de ce qu'il y a de possible et de réalisable, l'indication de ce qui devrait être le mandat immédiat de ceux qui vont entrer au Sénat et des membres de la Chambre des députés.

Je voudrais donner ces indications, sauf à élever une controverse et une discussion générale; car je suis, avant tout, un homme de liberté et de discussion, je n'ai la prétention d'imposer mes idées à personne, et qui serais-je pour avoir une semblable ambition et un pareil orgueil? Mon unique orgueil, ma seule ambition c'est de porter partout ce que je crois être la vérité et la sagesse et de demander qu'on veuille bien examiner ce que je propose, car je sais qu'entre esprits libres et loyaux c'est de ce choc de la discussion que jaillit la lumière, condition du progrès. (Très-bien! très-bien! — Vifs et unanimes applaudissements.)

Eh bien, je voudrais vous dire, simplement, ce qui dans un espace de sept ans — dans cet espace de vie soumis à tous les accidents de la destinée humaine — me semblerait devoir être touché et modifié, ce qui me paraît praticable, ce que je crois être la besogne à réaliser.

Mettons-nous en face de notre situation. Que nous faut-il? Ah! il nous faut toucher à bien des choses, mais je ne suis pas pour y toucher comme des enfants, ou comme des violents, ou comme des utopistes. Je suis l'ennemi de la table rase, je suis aussi l'ennemi des abus, mais je veux qu'on tienne compte du temps, de la tradition et même des préjugés, car avant tout ils existent, ils sont une force, et on doit non pas les respecter mais les étudier pour les dissiper, les faire disparaître, et ce résultat ne peut être obtenu qu'à la condition d'agir sans passion et sans emporteme

LE MINISTÈRE ET L'ADMINISTRATION

D'abord, nous avons une administration qui est en train de se refaire, qui s'épure tous les jours. Nous avons un ministère dont je ne dis que du bien, un ministère qu'on représente aussi comme très-fragile et très-menacé, parce qu'il est, dit-on, très-disparate, et parce qu'il ne serait pas très-actif. Je sais bien quelles vertus on peut souhaiter à un ministère, je ne suis pas contre le mieux, mais j'ai souvent entendu dire que le mieux était l'ennemi du bien, et j'attends, comme tout le monde, qu'il y ait une certaine coïncidence dans l'état de l'opinion pour réclamer les modifications dont la nécessité est sentie même par les plus intéressés. Pour moi, je reste, comme je le disais à Marseille au lendemain du 14 décembre, un ministériel résolu et décidé. Mais l'administration devra être complétement républicaine et elle le sera, parce que je ne pense pas qu'on soit d'humeur à tolérer bien longtemps en France ce spectacle d'un gouvernement voulu et acclamé par tout le pays et qui n'est contrarié que par ses fonctionnaires. (Rires et marques unanimes d'approbation).

Cette réforme s'impose tellement que je m'en voudrais de vous faire perdre votre temps et de perdre le mien à vous en entretenir davantage. C'est, à proprement parler, un lieu commun. On n'a qu'à visiter la France pour recueillir partout les mêmes doléances, et il faudra bien qu'on fasse justice à l'unanimité de ces griefs ; non pas que je refuse de reconnaître qu'on a beaucoup fait, mais que voulez-vous ? plusieurs réactions se sont accumulées sur nous, et l'on sait que messieurs les réactionnaires, qui se disent les hommes les plus désintéressés de la terre (Rires), avaient soigneusement accaparé toutes les places, les grandes, les moyennes, les petites, et, de plus, toutes celles qu'on avait créées tout exprès pour ces messieurs, qui forment la cohorte, il faut bien le dire, la plus tenace qu'on ait jamais vue de mémoire administrative. (Hilarité générale. — Applaudissements.)

Mais c'est là, permettez-moi de le dire, le côté simple et relativement facile de la politique intérieure. Les autres problèmes, les autres entreprises, les autres réformes sont autrement délicats et complexes, et ils appellent certainement autant de résolution et d'énergie que d'expérience et de science.

Nous avons cinq ou six grandes divisions ou services fondamentaux dans notre belle organisation française, car, je le dis avec d'autant plus de plaisir que j'ai toujours été de cette opinion, j'admire beaucoup l'organisation de notre Etat français. Je ne suis pas pour les abus de la centralisation, mais je gémis souvent de voir attaquer l'Etat qui est la France, qui est le suffrage universel lui-même, et de voir fausser les ressorts les plus précieux et les plus utiles de ce mécanisme gouvernemental qui, en somme, ne doit fonctionner que pour le plus grand bien et pour les progrès de la nation. Oui, je suis un défenseur de l'Etat, et ici je n'emploierai pas le mot centralisation, car le mot a été employé souvent abusivement, je suis un défenseur de la *centralité* nationale et je ne comprendrais pas qu'on introduisît chez nous ces formes et ces doctrines presque anarchiques, qui supposent des mœurs, des traditions et des origines différentes des nôtres. Je suis pour l'unité, pour la *centralité* française, parce que je suis convaincu que ce qui a contribué le plus, depuis la Convention, à la constitution de la nation française que nous connaissons, doit aussi servir à la maintenir et à la faire progresser dans son intégrité morale, sociale et politique. (Longs applaudissements.)

LA RÉPUBLIQUE ET L'ARMÉE

Dans cette conception de l'Etat, je rencontre d'abord à l'état d'auxiliaire suprême, de moyen de protection nationale et d'indépendance personnelle pour la France, l'institution qui aujourd'hui, grâce au législateur et à l'esprit de sacrifice du pays, n'est plus une institution prétorienne et régalienne, mais la fleur et la force même de la France, de la France armée pour sa propre protection. Messieurs, je parle de l'armée que nous a faite le service obligatoire, de l'armée que nous a faite la République. (Double salve d'applaudissements et acclamations.)

Cette armée doit être la première préoccupation des hommes politiques du parti républicain. Aussi, vous avez pu voir avec quelle sollicitude, depuis nos désastres, on s'est occupé de ses intérêts moraux comme de ses intérêts matériels, de son relèvement, aussi bien en lui infusant le sang de toutes les générations, sans distinction de classes ni de castes dans la patrie, qu'en se préoccupant de la mettre dans les meilleures conditions de travail, d'instruction et d'expérience stratégique.

Et aujourd'hui que voyons-nous? Un Parlement constamment préoccupé de la situation matérielle du soldat, du recrutement des sous-officiers, de la situation faite par la retraite à ces braves officiers, serviteurs de la patrie, retraite que nous avons trouvée, hélas! si parcimonieuse après quarante ans de service. Nous avons fait quelque chose, mais nous n'avons pas tout fait, et je sais que, dès la rentrée des Chambres, une nouvelle satisfaction sera donnée, au moins pour les officiers inférieurs, de manière que la retenue faite pour la retraite soit compensée par une augmentation de solde, et que le bénéfice de la pension de retraite ne commence pas par un sacrifice. (Vifs applaudissements.)

Cette sollicitude ne peut qu'être encouragée par la vue de cette armée renouvelée qui fait l'étonnement des hommes spéciaux, que nous avons saluée et acclamée l'autre jour à cette admirable revue de Vincennes où apparaissaient pour la première fois nos réservistes, ces hommes sortis de tous les rangs de la société, apportant la vitalité, la jeunesse et la fierté en même temps qu'un sentiment national tout nouveau qui en faisaient véritablement la représentation armée de l'élite de la société française. (Longue salve d'applaudissements.)

Ce jour-là, j'ai vu bien des yeux se mouiller de larmes, j'ai recueilli bien des paroles et j'ai compris qu'il n'y avait pas d'intérêt qui tînt plus puissamment aux entrailles de la nation que l'intérêt de son armée, car c'est bien l'armée de la France : elle n'est plus commandée ni organisée pour être ce qu'elle a été entre des mains scélérates ; elle n'est plus un instrument d'oppression, mais, au contraire, la représentation fidèle de la patrie, et elle ne doit plus servir qu'à son honneur et à son indépendance. (Applaudissements prolongés.)

Mais enfin il est bien certain que nous sommes fermement résolus à tenir l'armée au-dessus de l'arène des partis, à l'écart de toute politique ; aussi est-il une chose qui blesse le sentiment et le bon sens publics, c'est que, lorsque nous voulons exclure la politique de l'armée, ce sont précisément les ennemis de nos institutions qui l'y introduisent et la préconisent.

Je serais le premier à blâmer celui qui ferait une propagande passionnée dans l'enceinte de nos casernes ou auprès de nos officiers, et ce qui blesse la conscience nationale, c'est qu'on signale trop souvent des démonstrations émanant de personnages qui devraient, peut-être, être rentrés dans la retraite ou, au moins, dans l'oubli. (Très-bien ! très-bien !)

Il y a des lois sur l'armée ; nous demandons qu'elles soient appliquées. Non, nous ne permettrons plus, comme par le passé, la trangression de ces lois, faites dans un moment de patriotisme par l'ancienne Assemblée nationale et qui exigeaient qu'on fît de jeunes chefs, qu'on les fît passer fréquemment dans les corps de troupes afin de leur permettre de se distinguer, de sonder leurs mérites et leurs capacités, comme aussi d'écarter les incapacités et les défaillances. Nous demanderons que ces lois reçoivent leur application. On a beau chercher, on n'explique pas cette violation de la loi, violation non dans la lettre, mais au moins dans son esprit, violation momentanée qui s'appuie sur l'interprétation abusive d'un article de loi inséré par mégarde, mais violation de l'esprit de la loi sur les grands commandements. On ne peut trouver l'explication de cette violation que dans le désir de faire entrer la politique dans l'armée ; mais alors qui donc met la politique dans l'armée ?

Il faut que cette situation cesse ; il faut qu'il n'y ait d'autre moyen de s'élever dans l'armée que le mérite et d'autre règle que la raison et l'égalité.

LA MAGISTRATURE

Nous avons aussi une autre question à résoudre, question bien plus délicate à laquelle je ne voudrais toucher que de la façon la plus discrète ; mais je ne peux cependant pas me taire devant mon pays, alors que je recueille et que je constate, dans trop d'endroits, à quel degré l'opinion est excitée contre certains abus ou contre certaines défaillances émanant — je ne voudrais pas me servir d'expressions qui pussent blesser personne — de je ne sais quel esprit de routine de ce qu'on appelle avec raison le pouvoir judiciaire.

Oui, c'est là un pouvoir auguste, nécessaire, fondamental; je ne voudrais pas qu'on pût altérer, en quoi que ce soit, son prestige ni l'autorité qui lui est due dans la société; mais je fais encore la même réflexion que tout à l'heure : qui donc menace le principe tuté-laire de l'indépendance de la justice? Qui donc fait germer, dans certaines consciences loyales, l'esprit de scrupule et de reproche contre cette institution? Qui donc a pu commettre les excès de zèle et montrer les défaillances qu'on relève trop souvent dans son his-toire? Que faut-il dire? Il faut dire qu'on est en pré-sence d'une grave et redoutable question, la question de l'inamovibilité de la magistrature.

Je sais tout ce qu'on peut alléguer pour la défense de ce principe tutélaire. Oui, je suis un partisan con-vaincu de ce principe, mais je demande à m'expliquer.

A coup sûr, je ne voudrais pas d'un juge qui fût révo-cable à merci, qui fût un instrument dans les mains des gouvernants, qui n'eût d'autres jugements à rendre que des ordres à exécuter. Ce juge me ferait horreur, et il ne soulèverait que mon dégoût et mes protesta-tions.

Ceux qui ont établi le principe de l'inamovibilité l'en-tendaient d'une manière qui était la vraie, la bonne. L'investiture était donnée par le gouvernement aux détenteurs de la puissance judiciaire chargés de ren-dre la justice au nom du gouvernement, et alors, pour prévenir le retour des faveurs ou des menaces du pou-voir, on installait le juge sur son siége, on le rendait inamovible à jamais, sauf le cas de forfaiture contre le gouvernement qui l'avait nommé.

L'inamovibilité ainsi comprise offre une triple protec-tion : protection pour l'Etat, protection pour le citoyen, protection pour le juge. Voilà comment je la comprends et comment je la défends.

Mais quand un corps tout entier est légué par un gouvernement rival, par un gouvernement qui est tombé sous le mépris public ou qui a glissé dans la honte et la boue, par un gouvernement reconnu criminel et corrompu, il n'est pas acceptable, il n'est pas juste qu'un gouvernement sorti de la souveraineté nationale ne puisse pas examiner ce corps et le soumettre à une nouvelle investiture. Ce serait contraire au bon sens de laisser un principe d'hostilité contre le gouvernement établi dans le fondement même de l'institution en question. (Salve d'applaudissements. — Bravos prolongés.)

D'ailleurs, il n'y a pas de gouvernement, quel qu'il soit, — et, pour le moment, je ne les juge pas, — qui n'ait senti la profonde nécessité de cette doctrine. Il n'y en a pas qui, en s'installant, n'ait remanié, vérifié et investi à nouveau la magistrature. Eh bien, nous demandons, pour sauver la magistrature, pour sauver ce principe de l'inamovibilité que des excès compromettent, pour arrêter dans des limites raisonnables et politiques la passion publique qui monte, nous demandons, pour faire véritablement une chose juste, légale, nécessaire, que le gouvernement de la République examine la question de savoir s'il n'a pas à prendre les mêmes mesures et la même garantie que tous les gouvernements qui l'ont précédé. (Double salve d'applaudissements. — Acclamations prolongées.) Il faudra aussi, sur les traces de l'éminent président du conseil, l'illustre M. Dufaure, rechercher les modifications intérieures qu'on pourra apporter à l'organisation des tribunaux et des cours d'appel. (Adhésion.)

LA QUESTION CLÉRICALE

Il existe bien d'autres questions. Ce n'est pas nous qui les créons : nous sommes obligés de les recueillir, de les examiner, de les débattre, et, presque toujours, celles qui sont le plus difficiles à résoudre sont diffi-

siles, non pas à cause des divergences doctrinales et
théoriques, mais seulement parce qu'elles sont enve-
nimées par les passions et l'égoïsme des partis qui les
exploitent.

J'en aborde une qui est grosse de passions et de
véhémence : c'est la question cléricale, c'est la question
des rapports de l'Eglise et de l'Etat. Voilà, certes, une
immense question, puisqu'elle tient en suspens toutes
les autres, puisque, comme nous l'avons dit — et nous
ne faisons, en cela, qu'être l'écho du monde entier —
c'est là qu'est le principe de l'hostilité contre la pensée
moderne, du conflit que nous avons à régler.

Que n'a-t-on pas dit à ce sujet? On est descendu
dans le domaine inviolable de nos consciences et on a
voulu interpréter notre politique à la lueur de notre
philosophie. Je n'admets pas plus cette interprétation
que je n'admets que, contre un adversaire politique, je
puisse m'emparer des sentiments intimes de sa conscience religieuse pour combattre sa thèse politique.
Mais j'ai le droit de dénoncer le péril que fait courir à
la société française, telle qu'elle est constituée et telle
qu'elle veut l'être, l'accroissement de l'esprit non-seulement clérical, mais vaticanesque, monastique, con-
gréganiste et syllabiste, qui ne craint pas de livrer
l'esprit humain aux superstitions les plus grossières en
les masquant sous les combinaisons les plus subtiles et
les plus profondes, les combinaisons de l'esprit d'ignorance cherchant à s'élever sur la servitude générale.
(Longues salves d'applaudissements. — Bravos et cris
répétés de : Vive Gambetta!)

Nous ne pouvons donc nous dispenser de poursuivre
la solution ou, au moins, la préparation de la solution
des rapports de l'Eglise — je sais bien que, pour être
correct, je devrais dire des Eglises — avec l'Etat ; mais
si je ne dis pas des Eglises, c'est que, vous l'avez senti,

je vais toujours au plus pressé. Or, il faut rendre justice à l'esprit qui anime les autres Eglises, et, s'il y a chez nous un problème clérical, ni les protestants ni les juifs n'y sont pour rien : le conflit est fomenté uniquement par les agents de l'ultramontanisme.

Prenant les choses, non pas au point de vue du sentiment politique, je n'en ai et n'en reconnais à personne le droit, prenant le problème au point de vue gouvernemental, au point de vue public, au point de vue national, examinant les empiétements et les usurpations incessantes de l'esprit clérical servi par ses 400,000 religieux en dehors de son clergé séculier, j'ai le droit de dire en montrant ces maîtres en l'art de faire des dupes et qui parlent du péril social : Le péril social, le voilà !... (Salve d'applaudissements. — Marques unanimes d'adhésion.)

Et savez-vous quelles réflexions m'a depuis longtemps inspirées cet antagonisme ? Je vais vous le dire sans vous apprendre rien de nouveau, car je me suis déjà expliqué sur ce point dans une autre enceinte. C'est que cet Etat français, dont je vous parlais tout à l'heure, on l'a soumis à un siége dans les règles et que chaque jour on fait une brèche dans cet édifice. Hier c'était la main morte, aujourd'hui c'est l'éducation. En 1849 c'était l'instruction primaire, en 1850 c'était l'instruction secondaire, en 1876 c'est l'instruction supérieure. Tantôt c'est l'armée, tantôt c'est l'instruction publique, tantôt c'est le recrutement de nos marins. Partout où peut se glisser l'esprit jésuitique, les cléricaux s'infiltrent et visent bientôt à la domination parce que ce ne sont pas gens à abandonner la tâche. Quand l'orage gronde, ils se font petits, et il y a ceci de particulier dans leur histoire que c'est toujours quand la patrie baisse que le jésuitisme monte ! (Longues et unanimes acclamations. — Bravos prolongés.)

Eh bien, messieurs, savez-vous ce que disent les dé‹ fenseurs de l'ultramontanisme ? Ils disent que nous sommes les ennemis de toute religion, de toute indépen‹ dance de la conscience, que nous sommes des persécu‹ teurs, que nous avons soif de faire des martyrs et, si je proteste ici, ce n'est pas sans un sentiment de honte d'avoir à relever de pareilles inepties ; mais, puisque j'y suis condamné par la bassesse de mes adversaires, je vais m'y résigner.

Non, nous ne sommes pas les ennemis de la reli‹ gion, d'aucune religion. Nous sommes, au contraire, les serviteurs de la liberté de conscience, respectueux de toutes les opinions religieuses et philosophiques. Je ne reconnais à personne le droit de choisir, au nom de l'Etat, entre un culte et un autre culte, entre deux for‹ mules sur l'origine des mondes ou sur la fin des êtres. Je ne reconnais à personne le droit de me faire ma philo‹ sophie ou mon idolâtrie : l'une ou l'autre ne relève que de ma raison ou de ma conscience ; j'ai le droit de me servir de ma raison et d'en faire un flambeau pour me guider après des siècles d'ignorance ou de me laisser bercer par les mythes des religions enfantines. (Salve d'applaudissements.)

Après avoir nettement établi mon respect pour les religions, je tiens encore, pour en finir avec la calomnie (on n'en finira jamais, hélas !), à dire que je professe le plus grand respect pour ceux qui en exercent le mi‹ nistère. Ils ont des devoirs à remplir envers leurs semblables, mais ils en ont aussi à remplir envers l'E- tat, et ce que je réclame, c'est l'exécution de ces devoirs. Je demande qu'on leur applique les lois existantes, et ici je m'adresse non pas à ce clergé séculier qui est bien plus opprimé qu'oppresseur, qui est bien plus vic‹ time que tyran, est qui bien plus appauvri que renté par les communautés qui l'enserrent et le dominent.

et qui, né du peuple, n'en serait pas l'ennemi s'il était livré à la libre impulsion de sa conscience, mais à cette milice multicolore sans patrie ; si, elle a une patrie, mais elle ne repose que sur la dernière des sept collines de Rome, et encore, dans Rome, le pouvoir qui y siége la déclare ennemie et ennemie irréconciliable, car il faut bien répondre, dans la résidence même du pontife, aux anathèmes qui viennent de lui.

Je dis que le devoir de l'Etat républicain et démocratique est de respecter les religions et de faire respecter leurs ministres, mais leurs ministres se mouvant dans le cercle de la légalité, et si j'avais à émettre une formule, qu'il est peut-être ambitieux de chercher, mais qui rendrait ma pensée, je dirais que, dans la question des rapports du clergé avec l'Etat, il faut appliquer les lois, toutes les lois et supprimer les faveurs. (Oui ! très bien ! très bien ! — Applaudissements.)

Si vous appliquez les lois, toutes les lois — dont je ne vous ferai pas l'énumération, mais ceux dont je parle les connaissent — l'ordre rentrerait en France et sans persécution, car, encore une fois, nous ne ferions qu'appliquer les traditions du Tiers-Etat français depuis le jour où il a apparu dans notre histoire jusqu'aux dernières lueurs de la République de 1848.

Ce n'est que depuis l'empire, depuis l'alliance monstrueuse entre ceux qui mitraillaient et ceux qui bénissaient les mitrailleurs, que nous avons assisté à de déplorables défaillances et que l'Etat se trouve sous le joug des cléricaux alors que ce sont eux qui devraient porter le joug de l'Etat. (Adhésion unanime et bravos.)

Oui, il faut les faire rentrer dans la loi. Il faut surtout, si l'on veut en avoir raison, supprimer les faveurs, car, croyez-le bien, ce sont les complicités de la faveur, des priviléges et des avantages de toute nature qu'ils ont rencontrées pour eux et pour leurs créatures dans les diverses administrations publiques, c'est là ce qui fait la moitié de leur force. Quand ils ne pourront plus compter sur le favoritisme gouvernemental, soyez convaincus que leur clientèle se réduira bien vite, et, comme en somme ils ne vivent que de la crédulité publique, plus de crédit, plus de crédulité. (Rires et applaudissements.)

Enfin, il faut les faire rentrer dans le droit commun, et, pour ne citer qu'un privilége, un seul, mais grave, pour l'indiquer d'un mot, car je n'ai pas le temps de m'appesantir sur la question et l'état de mes forces ne me le permet pas en ce moment, je dirai qu'une nécessité s'imposera aux législateurs qui voudront faire véritablement du service obligatoire une vérité, c'est de ne faire de distinction pour personne et d'exiger que la *vocation* ne se prononce qu'après qu'on a rempli la vraie vocation : le service militaire. (Salve d'applaudissements.)

Voilà une indication encore sommaire, mais cependant précise, je le crois, dans cette question si grave et si délicate.

LA RÉPUBLIQUE ET L'INSTRUCTION

Mais il y a bien d'autres questions. Il y a cette immense entreprise, si nécessaire, si populaire, si fertile en résultats, si admirablement reproductrice de tous les trésors qu'on dépense pour elle : je veux parler de l'éducation. Il faut que cette question soit la passion de tous les députés républicains. Il faut que vos sénateurs, que vos députés, que votre pouvoir exécutif, que tous les rouages de l'Etat concourent, rivalisent à faire de ce pays-ci le pays le plus instruit, le plus éclairé, le plus cultivé, le plus artiste du monde. (Bravos et acclamations.)

Et, pour cela, que faut-il? Il faut refouler l'ennemi,

ie cléricalisme, et amener le laïque, le citoyen, le savant, le Français, dans nos établissements d'instruction, lui élever des écoles, créer des professeurs, des maîtres, les doter, ne pas craindre la dépense sur ce chapitre, car c'est une dépense que vous retrouverez dans l'abaissement des sommes que réclame l'entretien des prisons, dans la valeur de votre armée, dans la valeur de vos industries, dans l'augmentation de vos capitaux.

Mais il faut que les méthodes d'instruction soient changées à la base même de l'enseignement, car il ne suffit pas d'envoyer les enfants à l'école primaire : il faut que les méthodes ouvrent la raison et n'y déposent que des choses saines et sûres ; il faut trouver le procédé pour faire tomber, des sources les plus élevées, le rayon prestigieux de la science dans les cervelles les plus tendres et y déposer le germe des progrès de la raison publique. (Acclamations et bravos.)

Il faut modifier les méthodes barbares qu'on suit encore dans les écoles primaires. Il faut y enseigner les pages de notre histoire, les principes de nos lois et de nos constitutions. Il faut qu'on y apprenne les droits et les devoirs de l'homme et du citoyen. Il faut que l'on mette, sous des formules parfaitement compréhensibles, les résultats généraux des connaissances humaines. Je ne demande pas qu'on fasse des savants, mais des hommes sensés et des Français.

Voilà pour l'éducation primaire. Et je parle pour les deux sexes, car je ne distingue pas entre l'homme et la femme. Ce sont deux agents dont l'entente est absolument nécessaire dans la société et, loin de les séparer et de leur donner une éducation différente, donnez-leur les mêmes principes, les mêmes idées ; commencez par unir les esprits si vous voulez rapprocher les cœurs. (Salves d'applaudissements et bravos enthousiastes.)

Quant à l'enseignement secondaire, c'est encore là une de nos gloires, mais dont bien des rayons commencent à s'éteindre. Là aussi, les méthodes sont à transformer. Je voudrais que cet enseignement secondaire fût de deux ordres. Je voudrais qu'au-dessus de l'enseignement primaire et avant d'arriver à l'instruction secondaire, il y eût des écoles professionnelles, mais non pas dans le genre de celles qu'on a créées — ce seraient des écoles de métiers, des *mechanic's institutes*, comme on dit ailleurs, dans lesquelles on donnerait à la fois l'éducation de l'esprit et de la main, où l'on acquerrait un capital manuel et où se formeraient des légions d'ouvriers capables de devenir des tâcherons, des entrepreneurs et des capitalistes ; et nous arrivons par là à toucher du doigt que l'éducation est le commencement de la solution des problèmes sociaux qui pèsent sur le monde, solution qui n'appartient à personne, mais qui est parcellaire, quotidienne et qui dépend de la bonne volonté de tous.

De plus, je voudrais diriger cette instruction secondaire, de manière que l'Etat en fût le maître. Je ne voudrais pas de ces institutions dans lesquelles on tronque l'histoire, où l'on fausse l'esprit français, et où l'on prépare des générations hostiles prêtes à se ruer les unes sur les autres. Il faut donner une éducation française, et des citoyens libres peuvent seuls la donner. (Explosion d'applaudissements. — Acclamations prolongées.)

Reste l'enseignement supérieur, l'enseignement de nos Facultés. Vous savez, messieurs, quelle dernière épreuve a subie notre Université. En disant qu'il est nécessaire que l'Université aussi reçoive des réformes et des perfectionnements, je ne l'en considère pas moins comme l'asile tutélaire de l'esprit moderne et je demande qu'un gouvernement soucieux de ses droits et de sa mission lui restitue ce qu'on lui a arraché par surprise, la collation des grades et le droit de dési-

gner ceux qui sont ou ne sont pas capables d'enseigner.
(Nouvelles acclamations.)

LE GOUVERNEMENT DES TRAVAILLEURS

Vous voyez, messieurs, que nous aurons de quoi remplir nos sept années sans aborder d'autres questions.

Et cependant les intérêts matériels doivent nous préoccuper, ces intérêts si importants dans un pays où c'est la richesse agricole et la solidité du crédit qui ont constitué le premier degré de notre réhabilitation et de notre pacifique revanche, dans un pays où, grâce à la force de reproduction nationale, nous avons pour ainsi dire, après quelques semaines données, étonné le monde en étalant aux yeux des étrangers la collection de merveilles la plus surprenante qui soit encore sortie des efforts du génie humain. Oui, dans un pays qui compte près de 24 millions de propriétaires, où tout le monde travaille et où les oisifs sont une minorité telle qu'il n'y a pas à tenir un compte quelconque de leurs prétentions (Rires), dans un pays qui est, par excellence, le pays de l'épargne et de la fortune lentement préparée et acquise, il y a des problèmes qui touchent à l'agriculture, au commerce, à l'industrie et qui doivent être la préoccupation constante d'un gouvernement démocratique, car la richesse c'est l'accumulation des efforts du travail, et qu'est-ce que le gouvernement républicain ? c'est le gouvernement des travailleurs. (Salves d'applaudissements.)

Eh bien, vous qui souffrez, vous qu'on dirait que la nature a pris à charge de désoler depuis quelques années ; vous qui voyez se dessécher dans vos mains le fruit de vos semences et de vos travaux, ce n'est pas devant vous que j'ai besoin de réclamer l'assistance du gouvernement en faveur des populations agricoles pour creuser des canaux, faire des chemins vicinaux et des voies ferrées, tous ces moyens de communication qui multiplient la richesse en la répandant partout. Ce n'est pas à vous que j'ai besoin de dire qu'il est nécessaire d'avoir une politique commerciale reposant sur la liberté qui rapproche les peuples par l'échange des produits et qui ouvre l'ère de la paix et du travail en lui donnant pour base l'harmonie des intérêts du monde.

LES FINANCES

Il faut considérer comme le maximum de nos ambitions immédiates pendant sept années la solution de tous ces problèmes. Car nous ne nous arrêterons pas; nous ou nos successeurs, plus heureux ou plus habiles, pousserons plus avant. Quand l'un sera tombé, un autre le remplacera; l'horizon des générations futures s'étendra de plus en plus, pourvu que l'imposture et la trahison ne viennent pas retarder la marche du progrès humain. (Bravos répétés.)

En finances, nous réclamerons l'économie la plus sévère; nous demanderons l'élévation des traitements des employés utiles et des dégrèvements d'impôts, sages, mesurés, proportionnés toujours aux ressources de l'Etat, mais nous nous orienterons toujours vers la suppression des mauvais impôts. Telle sera notre ligne de conduite. Peut-être ferons-nous peu à la fois, mais nous ferons constamment quelque chose. (Applaudissements.) Je puis vous en parler avec assurance, dans cette Chambre des députés dont je fais partie, dans cette commission du budget où je siége, il n'y a jamais eu l'ombre d'un doute sur la nécessité d'opérer des dégrèvements. C'est pour cela que nous avons toujours

cherché à établir devant le pays, de la façon la plu
nette, nos opérations financières. La majorité répu
blicaine appelle les controverses, les discussions, parc
qu'elle veut la lumière ; à la rentrée des Chambres,
un débat s'ouvrira qui rappellera une précédente discussion sur la question de l'impôt sur la rente.

Sur ce point j'ai encore le devoir de vous dire mon
opinion personnelle. Je n'engage personne et, quels que
soient les bruits qu'on répande, quel que soit l'abus
qu'on en puisse faire, j'ai le droit d'exprimer ma pensée.

Un jour j'ai lutté contre l'établissement d'un impôt
sur la rente. J'ai heurté des opinions reçues, mais je
ne voulais rien laisser faire contre la force première
qui a permis la reconstitution de toutes nos autres
forces, contre le crédit français. La défense de ce crédit a été pour moi un devoir rigoureux, absolu, in-
cessant, et je demande à la démocratie de défendre ce
crédit comme elle défendrait le dernier rempart de sa
sécurité intérieure ou extérieure, car, ne l'oublions pas,
c'est avec ce crédit puissant que nous avons pu restau-
rer notre frontière mutilée en réparant les brèches faites à notre ceinture de forteresses, reconstituer notre
armée en mettant son matériel au niveau de tous les
perfectionnements et nous lancer dans cette entreprise de 5 à 6 milliards de travaux de canaux et de chemins de fer. C'est grâce à ce crédit que nous pouvons
maintenir l'armée, comme effectif, sur un pied respectable et nécessaire, que nous sommes en mesure de
doter les services généraux des postes, des télégraphes
et de l'instruction publique.

Toutes ces forces qui, en dehors du crédit français,
vous feraient défaut, défendez-les ; c'est le point central,
et quant à moi, je n'y laisserai pas toucher, malgré les
arguments juridiques qui seront invoqués — quelque-
fois les sommets du droit sont les sommets de l'inju

tice, — non, je ne laisserai pas léser, pour faire la con‑
version de la rente, les porteurs qui sont venus avec
confiance à la République en apportant leur argent pour
la libération du territoire. Il faut qu'il s'écoule un temps
moral et matériel avant de toucher à cette question,
afin que l'Etat ne paraisse pas abuser de ses droits.
(Vifs applaudissements.)

Donc, en ces matières, sagesse, lenteur, économie,
respect scrupuleux des engagements matériels et mo‑
raux pris par l'Etat envers les citoyens.

CONSÉCRATION DE LA RÉPUBLIQUE

Je crois, messieurs, que lorsque vos mandataires au‑
ront abordé cette série de problèmes, ils auront rempli
une certaine tâche. Je crois aussi que, chemin faisant,
la République sera entrée non-seulement dans les lois,
dans les habitudes et dans les intérêts, mais, permet‑
tez-moi de le dire, dans les veines et dans les artères du
pays. Elle ne sera plus en question. Le pouvoir sera
occupé par l'élu de vos représentants. Ce sera un double
verdict, un double jugement qui portera à la présidence
de la République le citoyen qui présentera le plus de
garanties. Et ici je dois vous faire part d'une réflexion :
nos adversaires cherchent tous les jours à créer des
candidatures, à forger des candidats, ce sont eux qui
y pensent le plus ; cependant c'est dans nos rangs qu'il
est le plus difficile de déterminer des candidats. (Rires
et applaudissements.)

Alors la France apaisée, sûre d'elle-même, pou‑
vant compter sur le dévouement de tous les siens,
occupée uniquement du développement de ses admira‑
bles ressources, la France, restaurée, appuyée sur une
armée réellement nationale, pourra se présenter au
monde, débarrassée de ses adversaires, ayant, je l'es‑

père, par le pardon et la clémence réuni tous ses enfants, et lui dire : Je suis forte, je suis invulnérable parce que je suis libre et pacifique. (Salve d'applaudissements et longues acclamations. — Cris répétés de : **Vive la République ! Vive Gambetta !**)

LE DISCOURS DE GRENOBLE

—

Mes chers concitoyens,

Les paroles qui viennent de m'être adressées et qui, on'a bien voulu le dire, expriment le sentiment sincère de cette démocratie française à laquelle j'ai consacré tous mes efforts, tout ce que je peux avoir d'ardeur et de force au travail, — ces paroles sont pour moi une récompense que je prise bien plus haut que tous les accidents de la fortune ou du pouvoir, et elles m'obligent à vous dire qu'en venant fraternellement au milieu de vous, avec qui je suis en communion de pensée, d'espérance et d'efforts pour le triomphe d'une République véritablement nationale et française, je savais que cet accueil me serait fait. Et lorsque je pense que le moment est bon pour adresser la parole à nos amis des autres départements, que l'heure exige ou des explications ou des exhortations, c'estpresque par un penchant invincible de mon cœur que je me trouve amené dans ce massif central du Dauphiné, qui est pour moi, au milieu d'autres qualités qui le distinguent, comme le cœur et le centre même de l'énergie française.

Il y a, en effet, ici une démocratie équilibrée, une démocratie ferme, ardente mais sûre ; une démocratie qui sait distinguer la période de la discussion de la pé riode de l'action, qu'on est toujours assuré de trouver debout quand il faut être debout, une démocratie circonspecte et vigilante quand la situation exige qu'on surveille l'ennemi sans provoquer de mouvement offensif.

C'est donc tout naturellement que je vous disais, en 1872, que nous entrions dans une étape particulière de notre politique ; je me faisais alors un plaisir de choisir Grenoble comme centre d'action, et aujourd'hui je me fais un plaisir nouveau de retrouver des amis et des compagnons de la première heure et de leur dire : Nous allons franchir encore un défilé, nous allons arriver sur un autre plateau ; voulez-vous que je vous fasse connaître les espérances que je conçois et les écueils et les périls qu'il s'agit d'éviter ?

Nous voici, en effet, grâce à la résolution et à la fermeté du gouvernement, à la veille d'un acte décisif, d'une importance capitale pour toute la France. Le décret que le cabinet vient de rendre, et qui a l'assentiment de l'opinion publique, nous met à quelques semaines de cette échéance sur laquelle tous les partis ont les yeux fixés depuis tantôt trois ans et qui doit être pour nous la délivrance, et pour nos ennemis — qu'on peut distinguer en deux camps : ceux qui espèrent encore et ceux qui n'espèrent plus — le signal de la déroute définitive ou d'une pacification que tout le monde doit désirer. (Très-bien ! très-bien. — Applaudissements.)

Après huit ans d'épreuves, après avoir épuisé toutes les formes du sacrifice et du dévouement, après avoir accumulé toutes les preuves de patience et de sagesse, après avoir résisté à toutes les provocations, à celles qui étaient effrontées comme à celles qui étaient captieuses et perfides, la France a échappé définitivement aux hommes du 24 Mai et du 16 Mai. Elle espère toucher enfin au terme de cette lutte, aussi stérile que fatigante, qui lui disputait la fondation d'un gouvernement libre, du gouvernement nécessaire à une démocratie majeure, de la République. (Vive adhésion et applaudissements.)

Vous connaissez mieux que moi, pour les avoir peut-être supportés de plus près, les excès qui ont marqué ces deux tenta- tives de retour offensif de l'esprit de l'ancien régime. Aussi ce n'est pas pour vous ramener en arrière, pour exciter à nouveau vos légitimes indignations que je suis ici ; c'est plutôt pour rechercher par quels moyens, par quels actes, d'ici à quelques jours, nous pourrons enfin mettre un terme aux inquiétudes, aux angoisses qui, à certaines heures, prennent la France à la gorge et l'arrêtent au milieu de son travail de perfectionnement et de progrès.

Oui, dans quelques jours, beaucoup des Conseils municipaux de France vont se réunir pour faire sortir de leurs rangs un homme auquel ils confieront le pouvoir le plus redoutable, celui de choisir, à un jour donné, l'arbitre, le juge de la situation politique générale. Les élections sénatoriales qui se préparent coïncideront en effet, par la durée du mandat qui sera de neuf ans, avec des échéances que je n'ai pas besoin d'analyser très-profondément, soit au point de vue du pouvoir exécutif, soit au point de vue du fonctionnement des pouvoirs électifs eux-mêmes, soit au point de vue des diverses réformes nécessaires, les unes à réaliser immédiatement, les autres nécessaires aussi et à mettre à l'étude tout de suite.

On sent, par conséquent, combien va être grave la mission que ce délégué sera chargé d'aller remplir au centre du département. Je voudrais que, d'ici à cette réunion, tous les membres des Conseils municipaux de France se missent en face de la responsabilité qui va peser sur eux, car s'il y a des hommes qui auront la responsabilité entière des intérêts et de l'avenir de la patrie, ce sont ceux auxquels sera confié à la fois le soin de son honneur et de sa sécurité.

Il y a des jours où la responsabilité pèse plus lourde encore sur la tête des mandants que sur celle des mandataires, c'est lorsque cette responsabilité est dans le peuple et non pas dans ses élus, et toujours le peuple lui-même ou ses représentants doivent se mettre en présence des lourdes responsabilités encourues, car, après le vote rendu, il n'est plus possible de ressaisir les conséquences inéluctables qui doivent en sortir.

Si je ne voulais citer qu'un seul exemple de cette responsabilité tout entière qui incombe aux commettants, j'évoquerais devant vous le souvenir de ce plébiscite fatal du 8 mai 1870, dont la France a failli mourir ; je dirais que l'homme investi d'un mandat a une responsabilité à supporter, mais que d'abord il y a celle du suffrage universel, du mandant, du pays lui-même. Eh bien ! nous sommes à une de ces heures solennelles où, comme en mai 1870, on peut dire au pays : Tu tiens ton sort dans tes mains, et c'est du choix triennal du Sénat que sortira l'ordre ou le désordre, la paix ou la guerre à l'intérieur. (Très-bien ! très-bien ! — (Applaudissements.)

Et c'est à cela, messieurs, que doivent servir les cruelles leçons que nous avons reçues et sous le coup desquelles nous saignons encore. Il faut que cette histoire, à la fois si désolante et si rapprochée, nous avertisse toutes les fois que nous avons un grand acte à accomplir. Aussi je dis à ces représentants des communes rurales qui sont venus au milieu de nous : Rappelez-vous, rappelez à vos concitoyens, à vos collègues qu'au mois de mai 1870 on leur disait : Votez !

votez contre la démocratie, votez contre les libéraux,
votez contre les républicains, votez pour le pouvoir
personnel, donnez de pleins pouvoirs à un homme ;
ne vous préoccupez pas de la direction des affaires : des
esprits plus élevés, plus sûrs, plus compétents que vous,
en ont la charge et le profit ; vous êtes sûrs, en vous
rangeant uniquement du côté du pouvoir personnel, en
faisant taire ces démagogues et ces agitateurs, d'avoir
l'ordre, la paix et le progrès.

Et le peuple s'est abandonné. Il a cru aux calomnies,
il a subi la pression. Il a cru, dans sa naïveté, dans
la confiance naturelle que lui inspire un gouvernement quel qu'il soit, parce qu'il est le gouvernement, il
a cru qu'on ne pouvait pas le tromper à ce point. Vous
connaissez le réveil ? (Longs applaudissements et bravos.)

Jamais cette justice sévère qui réside au fond de toutes
les actions individuelles et collectives et qui sort des
résultats de tous les actes humains, jamais cette Némésis
n'est sortie avec une rapidité plus effroyable de l'arrêt
que le peuple avait lui-même signé de sa déchéance,
et elle s'est manifestée par l'invasion, par le démem-
brement, par les lourds impôts qui nous accablent encore. (Mouvement.)

Voilà ce qui se produit quand on s'abandonne, quand
on ne fait pas soi-même ses affaires, quand on n'a pas
conscience de la gravité de son vote.

Aussi faut-il, aujourd'hui, bien faire comprendre
la gravité du vote à émettre aux délégués sénatoriaux
qui vont sortir du scrutin des 15,000 Conseils municipaux convoqués. Il faut leur faire bien sentir qu'ils
sont à une heure, à une époque qui est aussi importante
pour l'ordre intérieur et la stabilité extérieure que
l'était l'époque du plébiscite du mois de mai 1870
pour la paix extérieure et l'intégrité de la France. (As-

sentiment unanime et applaudissements prolongés.)

Il est certain que si les hommes du 24 Mai ont pu revenir au 16 Mai, que s'il y a eu des tentatives véritablement coupables et criminelles contre la volonté de la majorité de la France solennellement exprimée aux élections de 1876 ; que si les mêmes hommes qui avaient déjà si funestement renversé l'illustre homme d'Etat amené par son patriotisme à la République, et fait succéder à son gouvernement de modération un gouvernement de vexations et de proscriptions, ont pu diriger une suprême tentative contre les droits et la volonté de la nation, — il est certain, dis-je, que si ces faits ont pu se produire, c'est parce qu'il y avait au Sénat une majorité de quelques voix guidée par des factieux et qui, trompée par l'indifférence de quelques-uns, dans un jour d'égarement, dans un jour de défaillance, se trompant peut-être elle-même sur les conséquences qu'on allait faire sortir de son vote, a permis qu'on fît d'elle un prétexte, un instrument à l'aide duquel, pendant sept mois, on a livré la France à tous les vents du hasard, à toutes les aventures, à tous les périls, en usurpant légalement, je le veux bien, mais contre le sentiment public, un pouvoir qu'on était aussi incapable d'exercer que de rendre profitable au pays. (Applaudissements unanimes.)

Il faut redire au pays, et surtout à ces conseillers municipaux qui vont choisir leurs délégués : Vous avez souffert, vous avez passé par des transes horribles, vous avez vu le spectre de la guerre civile à l'horizon ; vous avez entendu, tous les soirs, des bruits, des murmures de coups d'Etat ; vous avez tremblé pour la paix entre les citoyens. Vous vous rappelez toutes ces choses, et cependant toutes ces choses pourraient recommencer si on avait des élections sénatoriales mauvaises, si on avait une majorité incorrigible, si on redonnait la

direction de cette majorité, par un accroissement sorti
des élections prochaines, à ces politiques aussi pré-
somptueux qu'impénitents, que leur parti pourra abandonner, mais qui, eux, n'abandonneront jamais leur
 mportance, leur fatuité, l'aveuglement de leur conduite
ni le désir de jouer leur rôle, parce qu'ils n'en ont pas
d'autre à jouer. (Rires et bravos.)

Si donc vous voulez éviter ce retour et infliger à ces
hommes la vraie peine poli- tique, vous en avez le
moyen : c'est, par le scrutin, de condamner à la fois
leur politique et tous ceux qui l'ont soutenue. Voilà le
véritable châtiment, la correctiondont on ne revient pas,
la vraie déchéance politique que des hommes politiques
puissent infliger.

Je voudrais, messieurs, que chacun de vous qui a
été ou qui sera délégué ou électeur de délégué se
dise bien que c'est de sa conduite, que c'est du vote
qu'ilé mettra que sortira l'impossibilité pour le Sénat
d'être un instrument de réaction et d'oppression. Il n'y
aura plus d'ennemis mortels embusqués dans le Sénat
pour tirer à l'abri sur les défenseurs de la Consti- tution
républicaine, si les élections sénatoriales sont conformes
à la volonté nettement exprimée du suffrage universel,
si elles sont conformes à l'intérét également bien enten-
duet de ceux qui se disent conservateurs et de ceux qui
se disent libéraux ou républicains démocrates. Si l'on
considère les choses au point de vue seulement de l'intérêt qu'a tout le monde à la stabilité, il faut voter
pour des candi-dats qui soient fermement résolus à
faire fonctionner la Constitution dans le sens républicain, dans un esprit véritablement démocratique ; et il
faut exclure des listes sénatoriales tous ceux qui sont
connus pourdes ennemis incorrigibles de la République, tous ceux qui ont trempé dans cette conspiration
à ciel ouvert du 24 Mai et du 16 Mai ; tous ceux qui, soit

comme membres sortants du Sénat, soit au dehors, dans le pays, dans des réunions, des cosmices ou de journaux, ont été les soutiens de cette politique néfaste. Il faut sedébarrasser enfin d'hommes qui ont commis des actes dont ils ont vraiment toute la responsabilité. Il faut qu'au premier degré d'élection, dans les Conseils municipaux, il y ait une véritable discussion des hommes et des choses.

Je sais bien qu'on a dit ceci : Vous voulez donc que la politique entre dans les Conseils municipaux? Certainement, je le veux, et voici pourquoi. Puisque, en 1875, vous avez commis cette inégalité, puisque vous avez exécuté cette surprise de mettre sur la même ligne tous les Conseils municipaux de France, quelsque soient la population des communes et leur centra d'action, subissez la loi que vous avez faite, et, ayant introduit la politique partout, souffrez qu'on passe au crible, dans ces Conseils municipaux, les hommes qui se présenteront comme candidats au Sénat, qu'on leur demande compte de leur passé, de leurs votes et qu'on recherche, non pas ce qu'ils se proposent de faire dans l'avenir, mais ce qu'ils ont fait dans le passé; car, dans l'élection capitale qui va avoir lieu prochainement, il n'y a pas de meilleur critérium pour distinguer le bon candidat que de rechercher dans sa vie, dans son passé, quels ont été ses actes, ses intentions, ses écrits. (Très-bien! très-bien! — Applaudissements prolongés.)

Je suis très-partisan, messieurs, d'une politique de concorde et de conciliation; mais je ne peux pas supporter que, sous prétexte de concorde et de conciliation, il se glisse dans l'Etat républicain, dans les fonctions républicaines, dans les Conseils électifs de la nation, des hommes qui réclament la conciliation pour eux et la refusent aux autres, des hommes qui disent :

Il faut que la République soit ouverte à ses ennemis, qui en chassent les républicains, et qui ne permettent pas d'y entrer à ses véritables défenseurs, à ceux qui ont lutté et souffert pour elle. Vous connaissez des exemples : il y en a dans toutes les carrières, dans toutes les fonctions, dans toutes les branches des services publics, et, aujourd'hui encore, il est malheureusement trop vrai de dire qu'être républicain sous la République n'est ni un titre ni un mérite. (Vive adhésion et applaudissements répétés.)

Eh bien ! il faut que cet état de choses cesse, car c'est là le mal dont on souffre. Les élections sénatoriales ont cela d'excellent qu'elles touchent aux sommets de la politique, puisqu'elles mettent en question l'équilibre des pouvoirs, leur exercice et même la personne qui exercera le pouvoir suprême dans l'Etat, puisque ces élections exercent, à un certain moment, une sorte d'arbitrage sur la marche générale de la politique et sur les traditions de la Chambre des députés. Mais, d'un autre côté, ces élections nous imposent la tâche d'expliquer à nos amis des campagnes où sont l'influence et la puissance administratives et d'où vient que parfois ils se plaignent de n'être pas en bons termes avec tel ou tel fonctionnaire, qu'il appartienne à l'ordre judiciaire, administratif, aux finances, ou même à ce corps que je voudrais voir rendre à son véritable rôle de protection et de confiance — j'entends la gendarmerie qui, malheureusement, par suite d'abus qui datent de loin, d'instructions mal faites, de je ne sais quelles susceptibilités hiérarchiques mal dirigées, est devenue trop souvent une cause de zizanies au lieu d'être un corps d'agents d'ordre, de protection et de sécurité pour tous les citoyens sans distinction de classes ni d'opinions. (Vifs applaudissements.) Je pourrais en dire autant de tous les représentants, à un degré quelconque, de l'autorité. Je m'applaudis, je me suis toujours réjoui, et je ne suis pas près de m'en repentir, de voir qu'on a associé intimement le paysan français au fonctionnement d'une Constitution républicaine. J'ai été très-partisan de l'idée qui a fait que dans le plus humble Conseil municipal de France, à de certaines époques, périodiquement, il serait question des intérêts les plus élevés de la République. L'examen de ces intérêts, le choix des hommes initient les conseillers municipaux à la politique et leur font sentir la dignité, la responsabilité dont ils sont investis, le poids dont ils pèsent dans les destinées de la patrie. Cette mission leur apprend, en même temps, à connaître les hommes qui sollicitent leurs suffrages et à comprendre la valeur de leur bulletin au jour du vote. Oui, je me suis applaudi de voir l'élément démocratique, l'élément rural, l'élément des petits propriétaires, de ceux qui peinent, qui suent, qui fécondent la terre, l'élément qui a besoin de travail, de protection, de sécurité et de véritable tranquillité, — je me suis applaudi de voir cet élément, par el fonctionnement même de la Constitution, être le maître de toutes ces choses s'il voulait faire des choix éclairés et indépendants. (Salve d'applaudissements et bravos.)

C'est pour cela que je ne laisserai jamais passer d'élections sénatoriales, pas plus les élections d'aujourd'hui que les élections à venir, tant que je serai là, sans essayer de consacrer toute l'ardeur de ma conviction à éclairer l'opinion (Applaudissements), car je suis tout à fait certain que, le jour où chaque électeur sénatorial connaîtrait véritablement sès intérêts, ses devoirs et l'étendue de sa responsabilité, il n'y aurait pas de raison ni de bon sens contre la raison et le bon sens de la France démocratique, qui serait alors

véritablement maîtresse de ses destinées ; et le jour ap-
proche où la démocratie par excellence, la démocratie
rurale, ne se trompera plus sur le choix des hommes.
Ce qui l'égare et la déroute, c'est qu'on sème derrière elle des bruits inquiétants sur telle ou telle conviction ou sur telle ou telle réputation, c'est qu'on
cherche à la circonvenir; on emploie la calomnie et on
dit à ces démocrates ruraux : Prenez garde ! la République, c'est le désordre ; elle passera dans les mains
des plus extrêmes, et nous roulerons jusqu'au fond de
l'abîme.

Vous avez entendu ces prophètes de malheur.
Leurs gémissements vous sont connus. (Rires.) Ils ne
rencontrent plus que des incrédules, et les prophètes
mêmes commencent à s'essoufler. (Hilarité générale.)
Ils cherchent des raisons et ne trouvent que des phrases ; leur rhétorique ampoulée est celle de l'Eglise, qui
les inspire et dont elle est aujourd'hui véritablement
l'apanage. (Salve d'applaudissements.)

Autrefois on disait à ce paysan que la République
c'était le partage, qu'elle menaçait les propriétaires,
qu'elle menaçait la famille. On a renoncé, depuis tantôt
dix ans, à répéter ces mensonges et ces calomnies. On a
senti le ridicule qu'il y avait, dans un pays qui compte
24 millions de petits propriétaires, à dire que la propriété pouvait être mise en péril par un parti qui
avait le souci de la grandeur de la France et de
l'ordre. On veut bien aujourd'hui nous faire grâce de
ces phrases sur la propriété. On reconnaît que c'est un
thème usé.

Quant aux déclamations sur la famille, elles ont fait
aussi leur temps et, franchement, s'il fallait défendre
la famille, la lecture des bulletins des tribunaux est
trop instructive pour que j'insiste. Je ne rechercherai
donc pas de quel côté sont ceux qui attaquent la fa-

mille. (Très-bien ! très-bien ! — Applaudissements et bravos prolongés.)

Il reste la religion. C'est le dernier thème, mais, comme il doit remplacer les deux autres devenus ridicules et impuissants, on use et on abuse de celui-ci. (Rires.) Ainsi il n'est question que de persécutions et de martyrs. L'Eglise, le clergé, le parti clérical se voient revenus au temps de Dioclétien ; les bêtes, les lions attendent dans le cirque. (Hilarité générale.) Et ce qu'il y a de bizarre, c'est que ces affolements, ces plaintes, ces gémissements coïncident avec les entreprises les plus audacieuses, avec les résistances les plus illégales, avec les usurpations les plus contraires à tout notre droit français et telles qu'on n'en a jamais vu dans notre pays. De sorte que ceux-là mêmes qui crient au martyre en sont arrivés à pouvoir mettre sous leurs pieds des lois qui sont muettes et que personne, parmi ceux qui sont chargés de les faire respecter, ne vient rappeler à ces intempérants, qui ne seraient que les pires des comédiens s'ils ne troublaient profondément les consciences. (Double salve d'applaudissements et acclamations.)

Je n'ai pas à vous faire toucher du doigt la grossièreté de ce sophisme qui consiste à confondre la religion, la liberté de conscience, le droit de penser et de pratiquer, avec les intérêts et l'esprit de domination d'une caste, d'une secte qui couvre d'un nom respecté dans toutes les sociétés civilisées les complots et les machinations les plus oppressives, la conduite la plus condamnable.

Non, la religion n'est pas en péril, ni la liberté de conscience ; et si, d'un certain côté, on réclame le droit de libre propagande, si, dans des établissements de l'Etat, on se permet d'arborer, en face de la France de 89, le drapeau de la contre-révolution, si cette conduite est licite et permise de ce côté-là, on ne peut pas dire que, de l'autre côté, on obtienne la même tolérance et la réciprocité. (Marques unanimes d'adhésion. — Applaudissements.)

Je ne me plains pas, d'ailleurs, de ce que nous ayons pu assister à des actes qui réveilleront certains indifférents, lesquels ne croient pas assez à cette gangrène, à ce péril clérical. (Explosion d'applaudissements et acclamations prolongées.) Ces actes ramèneront forcément l'attention des hommes publics vers la solution de questions instantes, et ils mettront l'opinion dans l'obligation de choisir. Et alors un juste départ se fera vite entre les partisans d'une religion nationale dont les ministres se renferment dans le cercle rigide de leurs attributions, entre ceux qui respectent les hommes voués à l'exercice d'un culte mais n'en sortant pas, se bornant à leur mission spirituelle et cessant de pousser à la violence par des prédications que tout le monde connaît et que personne ne punit... (Salve d'applaudissements.) Le départ, dis-je, se fera vite entre les partisans de ces hommes de paix et les partisans de ceux qui ne craignent pas de transformer ce qui devrait être la chaire d'apaisement en une tribune d'où ils déversent, sans responsabilité pour eux, l'injure, la calomnie et l'outrage sur des hommes qui ont l'adhésion de leurs concitoyens. Qu'on ne crie donc plus à la persécution, que tout rentre dans le droit, et, quand nous aurons obtenu le respect d'une législation qui n'est pas à faire, qui existe, nous constaterons bien vite ce que valent et ce que cachent les déclamations de ce parti qui, bien qu'il multiplie ses manifestations hypocrites, n'en est pas moins un parti anti-français, car il poursuit toujours le même plan et son mot d'ordre, qu'il ne prend pas chez nous, n'a pas changé : il nous hait et il ne sert que des desseins qui nous sont hostiles. (Longs applaudissements et bravos prolongés.)

Il faut donc répéter à l'électeur sénatorial de nos campagnes que ceux-là sont véritablement des artisans de mensonge qui disent que la République, que les pouvoirs républicains sont les ennemis de la religion ; mais il faut lui demander s'il entend être le maître chez lui, dans sa commune, dans son école, dans son chemin vicinal, dans le choix des hommes qui représenteront ses opinions, ses intérêts ; s'il entend que les agents de l'État le respectent et le protégent ; ou s'il veut de la tutelle de la sacristie au lieu d'avoir sa part de gouvernement et de souveraineté dans la commune. Oh ! alors vous verrez que cet électeur saura parfaitement faire la distinction entre la religion respectée et respectable et ceux de ses ministres qui la compromettent et l'engagent dans des complicités où elle ne peut évidemment que perdre de son prestige et, peut être, de son influence sur les esprits. (Approbation générale et applaudissements.)

Et pourquoi est-il vraiment si nécessaire de concentrer, pendant quelques semaines, l'attention des Conseils municipaux de France sur ce choix des électeurs sénatoriaux et des sénateurs eux-mêmes ? Je veux m'en expliquer très-librement.

J'y trouve, messieurs, un double intérêt : d'abord l'intérêt que j'ai indiqué tout à l'heure, celui du bon fonctionnement de la Constitution républicaine, de l'ordre et de la paix ; mais j'en trouve un autre ; c'est que je suis pénétré — et ici je vous apporte un avis qui est le résultat d'une expérience accomplie sous nos yeux — de la nécessité d'un Sénat républicain. Je suis convaincu que, dans une démocratie comme la nôtre, si riche mais si ardente, si étendue, si complexe, avec des aspects et des traits si nets, soumise à des conditions, à des milieux si variables, il est nécessaire d'avoir un Sénat républicain qui apporte, dans le fonc-

tionnement des pouvoirs publics, un esprit de tradition
et l'autorité de l'expérience dans les matières d'Etat;
un Sénat républicain qui soit une école de gouvernement, un Sénat, en un mot, qui soit l'ami, le conseil et le contrôle de la Chambre des députés. J'entends bien que si c'est un Sénat à tendances factieuses,
gouverné par des monarchistes incorrigibles, par des
aristocrates, par des petits-maîtres dont la fatuité est
sans bornes, par des hommes qui font la théorie d'un
Sénat institué uniquement pour contrarier la Chambre
des députés, pour entrer en conflit avec elle — dans
ces conditions, le Sénat aura le sort de tous les obstacles : il disparaîtra un jour ou l'autre devant la force
supérieure du suffrage universel. (Vive approbation. —
Applaudissements.)

Si ceux qui, parmi nos adversaires, prétendent avoir
conservé quelques lueurs de libéralisme et de sagesse
politique, avaient bien compris leurs intérêts, se fus-
sent-ils jamais associés à cette politique de conflits et
de discordes sans autre résultat possible qu'une impo-
pularité qui devait rejaillir sur l'institution du Sénat?
Est-il vrai que, s'ils avaient été vraiment dignes du nom
de conservateurs qu'ils s'arrogent, comme tant d'autres,
sans le mériter, ils auraient dû suivre une conduite
opposée à celle qu'ils ont tenue quand on leur a de-
mandé le vote de lois réactionnaires ou le refus de lois
votées par la Chambre des députés dans un esprit de
justice? Auraient-ils dû accepter une politique aussi
ouvertement révolutionnaire que celle qui a inspiré le
vote de la dissolution ?

Est-il vrai qu'ils auraient dû résister à cette politique dans l'intérêt d'une conception qu'ils invoquent
et au monopole de laquelle ils prétendent depuis trois
quarts de siècle : la constitution d'un régime politique
avec deux Chambres? Mais les uns, par haine de la

démocratie, ont voté la dissolution sans scrupules, les autres par scepticisme, et, enfin, une troisième catégorie a voté la mort dans l'âme. (Rires.)

Eh bien, ce que je redoute, non pas dansl'intérêt de ces beaux esprits qui nous fontsi pédantesquement la leçon et savent si peu se conduire eux-mêmes, mais dans l'intérêt de mon pays et de la cause que nous servons ensemble, c'est précisément qu'à force de dénaturer le rôle du Sénat, c'est qu'à force de substituer l'idée de conflit à l'idée de contrôle, on ait accumulé contre l'institution une série de préjugés, d'animosités qui, dépassant la mesure à un jour donné, pourraient l'emporter et amener une faute tôt ou tard.

Car, messieurs, il faut se mettre en face de l'avenir et bien se dire que les institutions valent, non pas par les prescriptions qu'on dépose dans les constitutions, non pas par les préambules plus ou moins magnifiques dont on les fait précéder, mais par la manière dont on les entend, dont on les pratique et les fait fonctionner. Je ne connais pas beaucoup d'institutions, mêmes médiocres dans l'esprit de ceux qui les ont créées, qui ne puissent devenir, sous la main d'un parti avisé, d'une démocratie puissante et réglée, de volonté persistante et souple, des armes de protection pour le parti républicain, alors qu'on croyait avoir forgé contre lui peut-être des armes mortelles. (Vive adhésion. — Applaudissements.)

Voyez combien de lois l'Assemblée nationale, cette Assemblée introuvable que nous ne reverrons pas, je l'espère... (Rires approbatifs) avait accumulées contre leparti républicain: Voyez ce qu'elle pensait avoir tiré de la loi municipale, de la loi sur les Conseils généraux, du scrutin d'arrondissement et de l'institution du Sénat lui-même. Voyez comme, sous la force réglée du suffrage universel, sous l'influence d'une politique à la fois hardie et contenue, tout cela s'est transformé et est devenu, au service de la démocratie, autant d'instruments de victoire contre vos adversaires. Car avec quoi les avez-vous battus ? Avec les armes forgées par eux mêmes. (Salve d'applaudissements.)

Eh bien, je voudrais que ce Sénat, institué dans une pensée de réaction contre le suffrage universel, contre la volonté nationale, dans une pensée de restriction des pouvoirs législatif et exécutif — je voudrais que ce Sénat se transformât par la seule pénétration de l'esprit démocratique et qu'il devînt, d'une façon permanente et pour ainsi dire perpétuelle, la véritable citadelle de la République, dans laquelle on placerait ses défenseurs les plus énergiques, ses capacités les plus éprouvées, ses renommées les plus certaines, de façon qu'on s'inclinât devant le Sénat de la République comme on le faisait devant le Sénat de Rome. (Longs applaudissements).

Je dis que cette institution ainsi comprise est nécessaire dans une démocratie, et surtout dans une démocratie qui veut être progressive. Ah ! messieurs, si nous n'avions combattu que pour établir une forme de gouvernement, la forme républicaine, notre rôle serait fini, car ce gouvernement va être définitivement fondé. Le 5 janvier prochain, nous aurons doublé le cap et franchi le chenal qui nous sépare encore de l'océan pacifique de la République. Après cette date, nous pourrions replier les voiles et rentrer chez nous. Mais nous n'avons pas seulement voulu fonder une forme de gouvernement. Nous voulons que, sous l'égide de la République, les capacités de tous les citoyens puissent librement se développer. Et ce n'est certainement pas à Grenoble, où j'ai constaté l'avénement des nouvelles couches sociales, que je pourrais dire que notre tâche est terminée. Elle ne le sera jamais. Après une première couche, une seconde viendra, puis d'autres, car maintenant le travail des peuples consiste à attirer, à faire monter sans cesse ceux qui sont en bas vers la lumière, le bien-être et la moralité. (Salve d'applaudissements et bravos prolongés.)

Et c'est précisément parce que vous vous êtes fait à vous-mêmes, démocratie française, un horizon sans limites de progrès indéfini, parce que vous avez livré à la curiosité et aux efforts de tous la solution de tous les problèmes, c'est précisément parce que vous appelez le concours de toutes les énergies et que vous réclamez la collaboration de toutes les capacités, c'est parce que vous attisez dans tous les cœurs cette légitime passion sociale, qu'il faut, au centre de la République, un pouvoir modéré, sage, pondéré, épris de la République, mais ne s'inspirant que de la réalité et des circonstances qui doivent entourer la réalisation, à heure dite, de tel ou tel projet. Il ne faut pas que ce Sénat soit un obstacle, un mur contre lequel les flots de la République viennent battre. Non ! cela ne préparerait que désastres et écroulements. Il faut que ce soit un guide sympathique, éclairé, sur lequel la France pourra s'appuyer avec confiance puisqu'il sera sorti de ses entrailles, du choix de toutes les communes de France. (Bravos prolongés.)

Je ne retire pas la parole que j'ai prononcée le jour où je me suis expliqué sur le Sénat. Je ne parlais pas de l'essai de Sénat oligarchique qu'on tentait de constituer ; j'annonçais ce qui sera une vérité plus tard, à savoir que lorsqu'on aura véritablement rendu au Sénat sa figure nécessaire, son rôle permanent, ses fonctions légitimes, lorsqu'on y aura fait pénétrer l'esprit démocratique, lorsqu'on l'aura constitué, épuré, renouvelé pour donner la vie à ce pouvoir constitutionnel, il sera bien réellement, de par son origine, le grand

Conseil des communes de France. (Vifs applaudissements.)

Eh bien, il dépend des 17,000 électeurs sénatoriaux de nous rapprocher de ce but. Il dépend
d'eux, en choisissant avec recueillement, en analysant
avec sollicitude, en scrutant avec impartialité les titres
de ceux qui viendront solliciter leurs suffrages, il dépend
de ces 17,000 électeurs de nous donner à la fois la stabilité immédiate, la sécurité de l'avenir, les moyens
de développer encore nos ressources, la possibilité
de résoudre de grandes questions et de créer, au sein
de la République, un point fixe autour duquel tout sera
mouvement et progrès.

Cette adjuration que j'adresse à ceux d'entre vous, messieurs, qui sont appelés à exercer ce mandat, je l'adresse
en même temps à ceux de nos amis qui, sur d'autres
points du territoire, sont appelés aussi à déposer leurs
bulletins dans l'urne, mais je ne dirais pas toute ma
pensée si je n'ajoutais quelles sont nos espérances,
nos certitudes, et aussi pourquoi j'attache un si grand
prix à ce qu'ils multiplient leurs efforts pour garantir
le succès.

En effet, messieurs, vous savez que j'ai la mauvaise
habitude, avant l'ouverture des périodes électorales,
d'annoncer quels doivent en être les résultats proba-
bles. (Rires d'approbation.) Il m'est arrivé assez souvent
de dire juste. Une certaine fois, cependant, je me suis
trompé, mais il s'est trouvé entre les électeurs et moi
bien des mains interposées qui avaient certainement
aidé mes contradicteurs à diminuer le résultat que
j'avais annoncé. (Hilarité générale et applaudissements.)

Cela a bien paru le jour où ce même suffrage universel, où ces mêmes électeurs, consultés à nouveau
dans les mêmes circonscriptions, à peine débarrassées

d'ailleurs des fonctionnaires qui avaient procédé aux précédentes élections, ont rendu un verdict tout à fait décisif dans le sens des prédictions, des révélations que nous avions faites.

Quelle est l'origine de ces révélations ? Elles proviennent simplement d'études, de statistiques bien faites, exemptes autant que possible de chances d'erreur, d'un travail soutenu. Et quand nous disons aujourd'hui, par exemple, que sur 84 élections sénatoriales à faire, nous espérons avoir 20 voix de majorité, nous faisons une supposition, mais j'espère bien qu'elle ne sera pas démentie par l'événement. Je dis donc dès à présent que nous avons une majorité. La question de droit et de fond sera vidée après le 5 janvier, et, à cette date, il faudra que l'ancienne majorité sénatoriale choisisse : elle devra abandonner les guides impuissants qui l'ont conduite à l'erreur et au désastre ou bien persévérer dans une attitude aussi contraire aux intérêts conservateurs qu'à ceux de la France elle-même. (Applaudissements prolongés.).

J'espère que le plus grand nombre d'entre eux, comprenant que toute résistance est inutile contre le vœu du pays et qu'il n'y a plus à espérer le retour de l'un des divers régimes monarchiques, comprenant encore que, la France ayant fait son choix, personne ne peut avoir la prétention d'avoir raison contre elle, voudront bien incliner leur volonté devant la volonté du pays et accepter sa décision en bons citoyens et en bons Français.

Mais j'estime qu'on les amènerait bien plus facilement à cette adhésion si, au lieu d'avoir une majorité sénatoriale de vingt voix, nous avions une majorité supérieure.

J'adjure les divers délégués sénatoriaux d'obtenir une majorité plus forte que celle que j'ai dite et qui n'est qu'une hypothèse. Il y a toujours à faire un effort supérieur à celui qu'on a fait, et c'est le lendemain de la victoire ou de la défaite qu'on s'en aperçoit et qu'on le regrette. Je sais tel département qui, aux dernières élections, l'eût emporté si l'on eût été plus sage, plus habile, plus discipliné, plus uni, si l'on avait subordonné les questions de personnes et de clocher — car il y a aussi des rivalités de commune à commune et de ville à ville — à la question de savoir quel était le candidat républicain qui offrait le plus de chances de succès. Car, dans une élection, quand on a examiné les candidatures, quand on les a critiquées, lorsque l'heure de l'action sonne, il faut n'avoir pas le sentiment des intérêts de la nation pour ne pas se rallier tous sur le choix qui a été fait et pour ne pas accepter la loi de la majorité. (Applaudissements prolongés.) J'ai bon espoir que cette conduite sera suivie, car le passé, et un passé des plus récents, nous est un gage de cet esprit croissant de concorde, de sagesse, de modération et de fermeté tout ensemble qui anime les grandes masses du pays, et qui fait que nos adversaires confondus, que les étrangers émerveillés, disent : Quelle France nouvelle nous a donc fait la République? N'est-il donc pas prodigieux de voir un pays autrefois si mobile, si léger, si capricieux, si agité, après être tombé sous les coups de la fortune, être devenu si modeste, si sage, si modéré, si réglé, et en même temps le plus moral, entendez le bien, et le moins troublé de tous les pays qui occupent aujourd'hui l'attention des hommes ! Oui, c'est prodigieux. Et pourquoi la République, même tourmentée, que les nécessités ont imposée à nos adversaires, pourquoi cette République, née au milieu des douleurs de la patrie mutilée, n'aurait-elle pas le bénéfice, aux yeux mêmes de ceux qui ne pensent pas comme nous, des sympathies de tous à l'intérieur et de l'estime et du respect qu'à l'extérieur elle a su attirer de nouveau sur la France? (Double salve d'applaudissements.)

Ah ! messieurs, on a quelque droit dedire et de répéter au pays qui a si courageusement porté le lourd fardeau dont on a chargé ses épaules, on a le devoir de répéter bien haut qu'il est désormais en possession de lui-même et qu'il a, sinon rétabli son ancienne grandeur, au moins regagné, avec la direction de lui-même, l'estime et le respect des autres; que ce respect reposera désormais sur les sacrifices communs de tous les Français; qu'ayant introduit l'égalité, cette passion française, dans le plus précieux, le plus nécessaire, le plus glorieux des services publics, le service militaire, iln'y a véritablement aucune espèce de raison pour en retarder la manifestation et le triomphe dans tous les ordres, dans toutes les branches de l'activité nationale. (Salve d'applaudissements.) C'est cet esprit d'égalité, de démocratie, qui assure la sécurité nationale, qui fait notre armée, et qui fait que la France, consciente de son droit, respectueuse de toutes les nécessités, ayant abdiqué l'esprit de vanité et d'agression, sûre d'elle même et de sa politique, puisqu'elle la dirige toute seule, confiante dans ses enfants, tous placés sous le même drapeau, peut se livrer au travail, à la production, à la moralisation et donner à pleines mains l'éducation à tous ses enfants, et préparer cette ère — ànos successeurs de pousser le char plusloin ! — cette ère à laquelle nous aspirons, cette ère où la République, assurée de toutes les libertés, laissera à chacun le soin de diriger ses intérêts et de chercher le bonheur dans la responsabilité de ses actes. (Longs applaudissements et bravos répétés.)

Mes amis, ce que je viens de vous dire, je vous de

mande de le commenter, de le répéter autour de vous,
de vous en aller, compagnons et coopérateurs de ma
pensée, à travers vos montagnes, les propager. Car,
quoi qu'on ait dit, nous ne recherchons rien, rien que
le triomphe de nos principes par la persuasion, nous
n'attendons rien dans tous les ordres que de la puissance de la raison. Nous ne voulons rien que par la
loi, œuvre de la majorité; nous sommes désormais tran-
quilles sur l'avenir de la République que nous avons
élevée, et enfin soustraite à la direction de ses ennemis.
C'est que, fondée pour la première fois sur l'adhésion
des petits et des moyens, ayant ses racines dans le
sol, n'étant pas un édifice improvisé qui surgit tout
à coup dans la tempête et dont on n'aperçoit que les
lignes de faîte au milieu de l'orage, elle sera au contraire une construction lentement et patiemment édi-
fiée, dont les fondements reposent sur toute la surface
de notre territoire et qui sera assez grande, je le jure,
pour contenir, comme dans un temple national, tous
ceux qui sont vraiment dignes d'être les enfants de la
France. (Triple salve d'applaudissements. — Acclamations prolongées et cris répétés de : Vive la République!
Vive Gambetta!)

LE DISCOURS D'AIX

Deux fois déjà les Conseils municipaux ont été appelés pour les élections sénatoriales.

La première fois, c'était le 10 janvier 1876.

Cette année, le 27 janvier 1878, les Conseils municipaux sont convoqués pour procéder à l'élection de leurs délégués. C'est spécialement aux conseillers même, pour les éclairer sur les choix qu'ils ont à faire, que M. Gambetta s'est adressé dans son discours de Grenoble.

Il y a entre le discours d'Aix, prononcé par M. Gambetta le 18 janvier 1876, et celui de Grenoble une telle connexité qu'il nous a paru utile de les réunir dans la même publication.

CONSEILS AUX DÉLÉGUÉS SÉNATORIAUX

Je préfère ne vous entretenir, ce soir, que d'une seule question, qui intéresse directement beaucoup d'entre vous, qui êtes des délégués élus par les communes, ou des conseillers généraux, ou des conseillers d'arrondissement, ou des députés même, qui tous serez appelés dans quelques jours à procéder au choix définitif des membres de la Chambre haute.

Le vote que vous avez rendu dans votre département, il y a deux jours, le 16 janvier, et par lequel vous avez nommé les délégués de vos communes, ce vote est de la plus haute importance, et les conséquences qui en peuvent sortir seront décisives pour le bonheur ou le malheur de la nation française.

Que ces délégués soient les mandataires des partisans avérés de la démocratie républicaine, ou qu'ils ne soient que les représentants plus ou moins éclairés, plus ou moins ardents, des opinions monarchiques et réactionnaires, qu'ils n'aient, ce qui ne sera malheureusement que trop commun, aucun caractère politique, — chacun de ces délégués, sur la surface entière du territoire, dans quelque département qu'il se trouve placé, doit sentir peser sur lui une immense responsabilité. C'est des choix que feront ces délégués que vont dépendre véritablement les destinées qui seront faites à ce pays d'ici à dix ans. Je voudrais chercher avec vous quelle doit être la conduite, l'examen de conscience, quelles doivent être les réflexions et les résolutions qui s'imposent à l'homme qui a reçu de ses concitoyens le mandat de se rendre au chef-lieu du département et d'y arrêter, pour le compte de ses mandants, le choix d'un ou de plusieurs sénateurs. (Mouvement d'attention.)

S'il s'agit d'un délégué républicain, sa tâche est facile. Il sait que la Constitution du 25 février 1875 est une Constitution d'essence démocratique et républicaine ; il n'ignore pas quels sont ses devoirs à l'égard de cette Constitution, ce qu'il doit en attendre, ce qu'il doit surtout préparer pour l'avenir de cette Constitution. Il sait qu'avant tout, il doit arrêter son choix sur un homme honoré, honorable, intelligent et droit, sur un esprit éclairé sachant être tolérant pour les personnes et ferme sur les principes, connaissant la part qu'il faut faire aux difficultés et aux nécessités de chaque jour dans la vie publique, résolu à ne jamais faiblir sous le drapeau républicain, mais décidé aussi à ne jamais se laisser aller aux excès de la violence ou de la colère et connaissant tout le prix de la modération et de la prudence politiques. (Marques d'approbation.)

Ce délégué républicain aura à se concerter, à s'entendre avec d'autres républicains auprès desquels il trouvera accueil, discussion, clairvoyance, renseignements complets qui lui permettront d'agir en pleine connaissance de cause. Il aura bientôt fait de faire céder les petites ambitions personnelles, les rivalités qui ne sont pas sérieuses, et de se rallier à l'intérêt du parti pour aboutir au succès par l'unité d'action et l'unité de liste. (Oui ! — Très-bien ! très-bien !)

Mais ce n'est pas ce délégué républicain, nommé pour faire un choix républicain, qui me préoccupe. Non. Celui qui me préoccupe c'est le délégué qui a été envoyé par son Conseil municipal, dans les dernières communes de France, pour faire un choix aussi redoutable, aussi considérable. Ce que je redoute, pour celui-ci, c'est l'influence et même la corruption qui va le circonvenir, le flatter, puis l'asservir par tous les moyens ; c'est à la conscience de cet honnête homme qu'il faut faire appel pour le soustraire aux manœuvres qui pourront le tromper, le séduire, l'apeurer ; c'est sa liberté d'action qu'il faut protéger contre les mille manéges qui auront pour but de lui dicter un choix hostile à la Constitution et par conséquent factieux.

C'est à ce délégué que je voudrais qu'on s'adressât. Ce sont ces délégués que je voudrais voir se réunir, se consulter entre eux. C'est à ceux-là qu'il faut que les bons délégués républicains ne cessent de s'adresser jusqu'au jour du vote. Aussi y a-t-il là une règle de conduite impérieuse à suivre.

Il faut que, dans chaque département, que partout où il y a des républicains élus et investis d'un mandat, ayant par conséquent charge d'âmes, il faut que ces républicains se réunissent, non pas seulement entre eux, délégués républicains, mais avec les autres délégués dont ils connaissent les opinions rivales ou dont ils constatent l'absence d'opinion. Et alors dans ces réunions, ou même dans de simples conversations ou entrevues individuelles, il faut arriver à mettre les autres délégués en présence des devoirs à remplir et des responsabilités qu'ils peuvent encourir.

Eh bien, je suppose que nous ayons devant nous un délégué même d'opinion très-connue, même très-engagé dans un autre parti que le parti républicain. Généralement ce délégué est accessible à la raison, à la vérité, aux leçons de l'expérience, je ne dis pas tous, mais la plupart d'entre eux le sont. Car enfin je ne me méfie pas et je suis loin de me méfier du bon sens des habitants des campagnes. Je suis convaincu que cette innovation tout à fait originale de l'octroi d'un vote politique au dernier des Conseils municipaux de France, est un grand pas en avant pour les destinées ultérieures de la démocratie. Cette innovation peut paraître aujourd'hui risquée, aventureuse et en contradiction avec les traditions du passé. Cela prouve qu'il arrive souvent, dans une démocratie, que ce sont ceux qui l'abhorrent, qui, mus par une force intime, préparent à leur insu le triomphe de cette démocratie.

En effet, qu'est-ce qu'une commune ? C'est la démocratie en personne ayant ses intérêts, ses aspirations, son patrimoine, dont la gestion est confiée à un conseil municipal élu par tous les habitants, auquel, jusqu'ici, il a été interdit de s'occuper de politique. C'est à cette commune, la dernière, la plus humble, la plus pauvre, qu'on vient dire solennellement : « Non-seulement tu auras à t'occuper de politique, mais encore à élire les membres du corps le plus élevé dans l'Etat. Tu es appelé à à constituer le premier pouvoir de l'Etat, le pouvoir sénatorial, qui arbitrera et décidera entre tous les autres pouvoirs, qui tantôt pourra éviter les conflits par la dissolution de la Chambre des députés, qui tantôt pourra déposer le premier magistrat de la Républque, lui demander des comptes, transmettre ses pouvoirs à un successeur en cas de mort ou de cessation de fonctions. Ce pouvoir arbitral du Sénat tirera sa force de la Constitution et aussi de l'élection par les délégués des trente-six mille communes de France. (Bravos.)

C'est là de la démocratie pure. C'est plus qu'un progrès timide et incomplet. C'est l'installation complète de la démocratie aux affaires. En effet, ces Conseils municipaux vont être obligés de s'enquérir de la constitution et des pouvoirs de la première Chambre, du rôle, du mandat et des responsabilités incombant à chaque citoyen élu sénateur. Cet homme devra être interrogé par le délégué de ce Conseil municipal sur ses opinions, ses tendances, sur ce qu'il fera demain sur telle ou telle question dont la Constitution lui réserve la solution. Ce sera le droit et le devoir du délégué du Conseil municipal de procéder à cet interrogatoire.

De sorte que vous installez dans chaque commune de France un véritable cours de politique générale. Or, c'est ce que nous réclamons depuis bientôt un siècle, c'est-à-dire que nous ne voulons pas que le suffrage universel ne soit que la mise en mouvement de dix millions d'électeurs qu'on fait voter un jour et qu'on oublie le lendemain. Ce que nous voulons, c'est qu'on discute, qu'on examine la mission à donner au mandataire et la manière de l'exécuter. C'est dire qu'avec le nouveau régime constitutionnel, la politique est partout et que personne n'a le droit de s'en désintéresser et de s'y soustraire. (C'est cela ! —Applaudissements.)

Si cela est, vous voyez ce qu'il advient de cette combinaison préparée par la réaction et dans quel but :

On a dit que c'était une machination qui aurait pour conséquence d'écraser l'esprit des villes en les subalternisant aux campagnes. Ce résultat pouvait être cherché il y a vingt-sept ans, il y a vingt ans, il y a quinze ans. Mais, après que les campagnes ont été ébranlées sous le coup de nos malheurs, après les dernières levées d'hommes qu'elles ont eu à mettre sur pied pour protéger la fortune de la France, après les milliards que nous ont coûté les hontes et les folies de l'empire, l'esprit de responsabilité a pénétré jusque dans le dernier hameau de France, et il a suffi d'interroger le paysan sur son intérêt pour que sa réponse fût conforme à cet intérêt même

Ne craignez pas que les campagnes n'apprennent rapidement ce que c'est que la politique et le poids dont elle pèse en bien et en mal sur les affaires. Vous avez aujourd'hui même un exemple sous les yeux : aussitôt qu'on annonce aux campagnes qu'on va les entretenir de leurs intérêts, des choix qu'elles vont avoir à faire, de la nécessité de se renseigner sur les hommes qui se présentent à leurs suffrages, vous les voyez quitter leurs foyers, faire des marches forcées et venir ici malgré les avanies de la police (Rires.) chercher la vérité et la lumière. Ce qu'elles viennent chercher, c'est l'esprit de contrôle, d'examen, c'est la parole de bonne foi qui éclaire, cette parole qu'on entrave et qu'on s'acharne à refouler, mais qui passe à travers tous les obstacles, pour aller à ceux qui la cherchent comme à ceux qui la dénigrent, pour le meilleur service de la République et la véritable conservation sociale. (Bravos et acclamations.)

Le temps, la pratique, l'expérience nous conduisent insensiblement à ce résultat de nous rapprocher, de nous confondre tous les jours plus étroitement avec nos confrères des champs, des plaines et des montagnes. La solidarité de tous les intérêts se resserre et s'affirme pour le triomphe de l'ordre dans la liberté.

Aujourd'hui, c'est pour la première fois qu'on expérimente cette Constitution du 25 Février en consultant directement les Conseils municipaux, qui n'avaient pas été nommés dans ce but et qui cependant sauront y suffire dès leurs premiers pas. Ne l'oublions pas, messieurs, les Conseils municipaux qui viennent de nommer les délégués avaient été choisis pour une toute autre mission que la nomination des délégués sénatoriaux. On ne savait pas, à l'heure de leur élection, qu'ils auraient ce pouvoir considérable. Ils pourront donc tâtonner, hésiter, mais, confiez-vous à l'avenir,

prenez patience. L'expérience sera prompte et fructueu-
se. J'entrevois déjà ce que seront les prochaines élections de Conseils municipaux; alors, jusque dans le
plus petit hameau de France, les électeurs s'informe-
ront des opinions, des tendances de chaque candidat au
Conseil municipal. Il sera interrogé, à son tour, comme
le délégué communal, comme le candidat sénatorial, et
alors vous me direz ce que vaudront les Conseils municipaux nommés à cette lumière et ce que vaudra un
Sénat sorti d'une pareille série d'épreuves et d'élections.

Il ne faut pas craindre d'insister sur ce mécanisme,
pour bien montrer sa force, son utilité, sa puissance
démocratique. Ce qui se passe, c'est le transport de la
politique dans des mains nouvelles. Jusqu'à ce jour, la
politique avait été réservée à une élite plus ou moins
éclairée, plus ou moins capable, abritée derrière de
grands airs de dédain, injurieuse pour les petits et gon-
flée outre mesure du sentiment de sa valeur; aujour-
d'hui toute la politique jusque-là réservée à quelques-
uns, à une oligarchie jalouse, va tomber dans les mains
du petit bourgeois, de l'ouvrier, du petit capitaliste et
du paysan, de tous ceux qui travaillent ou pensent, et,
les associant dans les mêmes efforts pour atteindre le
même but, leur donne une même part de droits et de
responsabilité. (Applaudissements prolongés.)

Et cette responsabilité il faut l'envisager en face.
Oui ! la France cherche à connaître avec avidité les
noms, les opinions des 36,000 délégués qu'elle a nommés le 16 janvier; elle scrute les dépêches, elle lit les
journaux, elle demande à être renseignée. Dans quelques jours la France connaîtra les opinions, les tendances, les aptitudes de ses 36,000 délégués.

Ah ! c'est que la France est debout ! Elle est inquiète,
elle est anxieuse, elle sent qu'on joue ses destinées, et
elle se demande ce que ces 36,000 délégués vont décider

d'elle. Qu'ils se mettent en présence de cet enjeu de la patrie et des destinées qu'ils lui préparent. Qu'ils évoquent — les délégués qui ne sont pas encore républicains — la leçon d'hier. Qu'ils se rappellent ce que disaient les patriotes il y a six ans, quand on fit le plébiscite. A ce moment, on consultait aussi la France, par un moyen tortueux, hypocrite et ignoble, car on se jouait de la sincérité comme de l'honneur du pays. On votait en masses, avec aveuglement, sous la pression administrative, sous la menace, ainsi que sous la calomnie et l'injure qu'on jetait à pleins bords sur le parti républicain, et on donnait à un pouvoir corrupteur et trompeur huit millions de suffrages dont il se servait immédiatement pour écraser la France.

Ce souvenir doit arrêter la main de l'imprudent qui ne se rappellerait plus cette époque au moment de déposer son vote. Il faut que celui-là se dise que si le Sénat n'était pas composé de républicains loyaux, — je ne parle pas de la chaleur de l'opinion républicaine, ni de son origine, mais de sa sincérité, — de défenseurs vigoureux du pacte fondamental du 25 février, c'est qu'on y aurait fait entrer des factieux et des adversaires non-seulement des idées politiques contenues dans la Constitution, mais encore des adversaires de la régénération de la patrie. (Très-bien ! très-bien !)

Le vote pour la nomination des sénateurs (et je voudrais que tous les délégués de France pussent entendre et recueillir ces paroles) pèsera éternellement sur la conscience de ceux qui l'auront rendu ; il pèsera sur la tête de leurs enfants, il pèsera sur eux-mêmes, il pèsera sur leur fortune, il engagera tout l'avenir. Et on aura le droit de demander compte de ce vote aux délégués des communes, s'ils le rendaient avec légèreté, avec aveuglement, avec indifférence, ou sous la pression des passions mauvaises. (Applaudissements.)

LA PETITE
RÉPUBLIQUE FRANÇAISE

JOURNAL POLITIQUE, QUOTIDIEN

Le Numéro : **5** Centimes

CHEZ TOUS LES LIBRAIRES ET MARCHANDS DE JOURNAUX

LA PETITE RÉPUBLIQUE FRANÇAISE, fondée dans un but de propagande républicaine, donne, avec les séances des Chambres, toutes les informations Politiques, Commerciales et Financières, (Marché de La Villette, Cours de la Bourse, des Halles, etc.)

Elle a toujours un excellent choix de Romans

ABONNEMENTS :

6 fr. pour **3 mois**; — **12 fr.** pour **6 mois**; **24 fr.** pour **un an.**

53, RUE DE LA CHAUSSÉE-D'ANTIN, 53.

PARIS

LA PETITE RÉPUBLIQUE FRANÇAISE publie tous les huit jours un **Supplément très-intéressant.** (Voir les conditions d'abonnement au verso).

Paris. Imp. de la PETITE RÉPUBLIQUE FRANÇAISE, C. MURAT, 53, rue de la Chaussée-d'Antin.